やってみよう! 韓国語

해보자! 한국어

— 崔 在佑 —

朝日出版社

音声サイトURL

http:// text.asahipress.com/free/korean/
yattemikan/index.html

まえがき

このたび、「やってみよう！韓国語」を発刊することになりました。

本書は教育機関などで入門レベルの韓国語を学ぼうとする学習者のために作られた教材です。90 分授業を週 2 コマ、半年間で終了できるように構成されました。

全体の構成は大きく四つの部分から成っています。1 ～ 3 課の「ハングル」を中心とする練習部分と、4 ～ 12 課の「本文」を通しての文法練習、そして 3 課ごとに復習ができるように総合復習を設け、最後に文法まとめと単語リストを添付しました。加えて、各課の最後には、学生たちが興味を抱えている韓国についてのプチ情報を、授業の文化材料として使えるよう用意しました。

教材の内容は特に次の項目を念頭に置いて構成しました。

➢ 最近重視されている読む・書く・聞く・話すの 4 技能を強化する
➢ 学生が難しいとする文法を繰り返し練習させる
➢ 学生が一人でも勉強できるように充分な説明を施す
➢ 授業で学んだ内容を授業中に確認させる
➢ 韓国についてのプチ情報を提供し、かつ楽しめるようにする

本教材を通して、より楽しく、かつ積極的な勉強ができ、本が終わった時点では、韓国について一人でもいろいろ楽しめるようになることを期待します。

最後になりますが、本教材の出版過程においてご尽力頂いた朝日出版社と編集部の小髙理子・山田敏之様には、この場をお借りして心より御礼申し上げます。

2019 年　秋
著者

目次

모음 1・자음 1 (평음)

学習文法

- ハングル
- 母音Ⅰ
- 子音Ⅰ＋母音Ⅰ
- ハングルの創製原理
- 子音Ⅰ(平音)
- 発音の変化(1)：有声音化、「ㅎ」弱音・無音化

1 ハングル

「21 個の母音」＋「19 個の子音」で構成されています。
ハングルは次の三つの形で成り立ちます。

1. (ㅇ)＋母音　　例) 아, 어, 오, 워, 의
2. 子音＋母音　　例) 가, 너, 루, 미, 훼
3. (ㅇ)子音＋母音　　例) 웅, 원, 남, 종, 권
   子音 → パッチム

2 ハングルの創製原理

「母音」は陰陽の原理を基に、宇宙を構成する主要な要素と認識されていた「天 / ・」、「地 / ㅡ」、「人 / ㅣ」を組み合わせたものです。

ㅣ＋・＝아、・＋ㅣ＝어、・＋ㅡ＝오、ㅡ＋・＝우

「子音」は宇宙万物の変化を説明する五つの要素である五行(木、火、土、金、水)をもとに、発音器官をまねて工夫されたものです。基本子音「ㄱ / ㄴ / ㅁ / ㅅ / ㅇ」の位置は次の絵のようです。

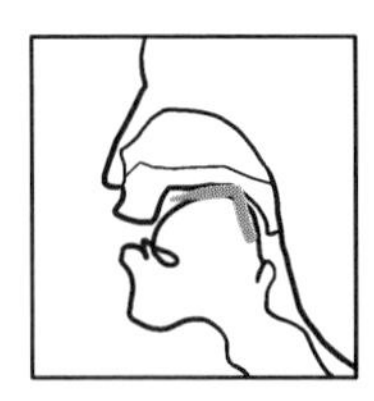
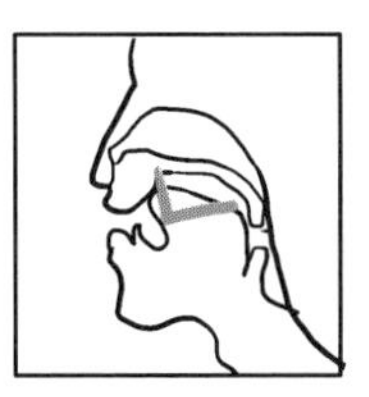
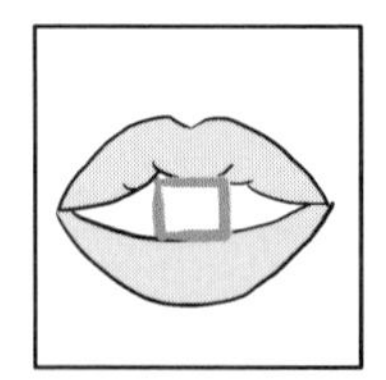
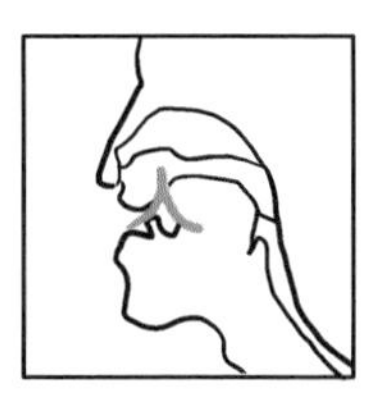
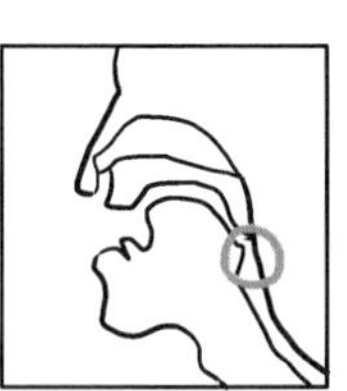

日常慣用表現

2

안녕하세요?　　こんにちは。
처음 뵙겠습니다.　　初めまして。

母音Ⅰ・子音Ⅰ（平音）

3 母音Ⅰ

母音Ⅰは、先に学ぶべき基本母音として選ばれた 10 個のものです。

◆「ㅇ」と組み合わせて書きながら発音を練習してみましょう。

♪3

文字	発音	書き順			練　習			
ㅏ	[a]	ㅣ	ㅏ		아	아		
ㅑ	[ja]	ㅣ	ㅏ	ㅑ	야	야		
ㅓ	[ə]	-	ㅓ		어	어		
ㅕ	[jə]	-	ㅓ	ㅕ	여	여		
ㅗ	[o]	ı	ㅗ		오	오		
ㅛ	[jo]	ı	ㅗ	ㅛ	요	요		
ㅜ	[u]	ㅡ	ㅜ		우	우		
ㅠ	[ju]	ㅡ	ㅜ	ㅠ	유	유		
ㅡ	[ɨ]	ㅡ			으	으		
ㅣ	[i]	ㅣ			이	이		

子音Ⅰ(平音)

子音は、発音するときの息の違いにより、平音・激音・濃音で分けることができます。子音Ⅰ(平音)は普通の力で息を出しながら発音する 10 個のものです。

◆ 母音と組み合わせて書きながら発音を練習してみましょう。

文字	発音	書き順				練　習		
ㄱ	[k/g]	ㄱ						
ㄴ	[n]	ㄴ						
ㄷ	[t/d]	ㅡ	ㄷ					
ㄹ	[r/l]	ㄱ	ㅋ	ㄹ				
ㅁ	[m]	ㅣ	ㄇ	ㅁ				
ㅂ	[p/b]	ㅣ	ㅣㅣ	ㅐ	ㅂ			
ㅅ	[s, ʃ]	ノ	ㅅ					
ㅇ	[無音]	ㅇ						
ㅈ	[ts/dz]	フ	ㅈ					
ㅎ	[h]	ˉ	ニ	ㅎ				

5 子音Ⅰ＋母音Ⅰ

◆ 子音と母音を組み合わせて書きながら発音を練習してみましょう。

子音／母音	ㄱ [k/g]	ㄴ [n]	ㄷ [t/d]	ㄹ [r/l]	ㅁ [m]	ㅂ [p/b]	ㅅ [s/ʃ]	ㅇ [-]	ㅈ [ts/dz]	ㅎ [h]
ㅏ [a]	가									
ㅑ [ja]		냐								
ㅓ [ə]			더							
ㅕ [jə]				려						
ㅗ [o]					모					
ㅛ [jo]						뵤				
ㅜ [u]							수			
ㅠ [ju]								유		
ㅡ [u]									즈	
ㅣ [i]										히

6 発音の変化（1）

韓国語では子音と母音を組み合わせて発音するときに様々な発音の変化が起こります。

1. 有声音化

有声音化とは有声音ではない発音（主に［ㄱ、ㄷ、ㅂ、ㅈ］）が、有声音（すべての母音と子音［ㄴ / ㄹ / ㅁ / ㅇ］）と有声音の間に挟まれたときに（半）有声音になる現象です。

有声音＋「ㄱ [k] / ㄷ [t] / ㅂ [p] / ㅈ [ts]」＋有声音
⇒ 有声音＋「ㄱ [g] / ㄷ [d] / ㅂ [b] / ㅈ [dz]」＋有声音

가 [ka] ＋게 [ke] →가게 [kage]

지 [zi] ＋도 [to] →지도 [zido]

나 [na] ＋비 [pi] →나비 [nabi]

바 [pa] ＋지 [tsi] →바지 [padzi]

2. 「ㅎ」弱音・無音化

「ㅎ」は語頭でははっきりと発音されますが、有声音の間では音が弱まるか、なくなります。

대회 [대회]

강화 [강화]

많이 [마니]

간호사 [가노사]

◆ 次の単語を発音しながら書いてみましょう。

아이	아이	아이			子供
오	오	오			五
오이	오이	오이			キュウリ
우유	우유	우유			牛乳
이	이	이			二、歯
이유	이유	이유			理由

◆ 次の単語を読んでみましょう。

◆ 次の単語を発音しながら書いてみましょう。

가구	가구	가구			家具
가수	가수	가수			歌手
개	개	개			犬
거리	거리	거리			通り
고기	고기	고기			肉
노래	노래	노래			歌
비	비	비			雨
소리	소리	소리			音
지우개	지우개	지우개			消しゴム
하루	하루	하루			一日
해	해	해			太陽

文法確認

1 発音を聞いて該当するものにチェックしてみましょう。 ♪4

例）［아］ ☑아　□어

1. □오　□우
2. □으　□이
3. □어　□으
4. □우　□으
5. □여　□요

2 発音を聞いて正しいものを選んでみましょう。 ♪5

1. (　　　　)
   ① 아이　② 오이　③ 어이　④ 우이
2. (　　　　)
   ① 서리　② 소리　③ 저리　④ 조리
3. (　　　　)
   ① 무모　② 바보　③ 모보　④ 보모
4. (　　　　)
   ① 거리　② 고리　③ 구리　④ 그리

3 発音する際、発音変化が起こらないものを選んでみましょう。

1. ① 가게　② 부모　③ 포도　④ 주부
2. ① 대화　② 오후　③ 회사　④ 소회

4 発音する際、他の 3 つと違う現象が起こるものを選んでみましょう。

1. ① 다리　② 나무　③ 비누　④ 지도
2. ① 만화　② 영화　③ 많이　④ 간호사

単語まとめ

次の単語の意味を調べ、オリジナルの単語帳をつくってみましょう。

♪ 6

□	가게		□	사과	
□	가구		□	소리	
□	가수		□	시계	
□	개		□	아이	
□	거리		□	어머니	
□	고기		□	오	
□	구두		□	오이	
□	나무		□	오후	
□	나비		□	우유	
□	노래		□	의자	
□	다리		□	이	
□	대화		□	이유	
□	대회		□	주부	
□	모자		□	지도	
□	바다		□	지우개	
□	바지		□	포도	
□	부모		□	하루	
□	비		□	해	
□	비누		□	회사	

韓国の基本情報

◆ **国名**：대한민국（大韓民国）
◆ **国旗**：태극기（太極旗）
◆ **言語**：한국어（韓国語）
◆ **人口**：51,833,175（2019年3月 現在）
◆ **面積**：99,678km^2（韓国のみ：日本の約1/4程度）
◆ **首都**：서울（ソウル）
◆ **国花**：무궁화（無窮花、ムクゲ）
◆ **通貨**：원（ウォン）

모음 2 · 자음 2 (격음 · 농음)

学習文法

- 母音＋母音の仕組み
- 子音Ⅱ＋母音Ⅱ
- 母音Ⅱ、子音Ⅱ（激音・濃音）

1 母音＋母音の仕組み

ハングルの母音は、「陽性母音」、「陰性母音」、「中性母音」に分けることができます。
「ㅏ」と「ㅗ」は陽性母音、「ㅓ」、「ㅜ」、「ㅡ」は陰性母音、「ㅣ」は中性母音です。
⇒ 母音と母音を組み合わせるときは、「陽性母音」は「陽性母音」と、「陰性母音」は「陰性母音」と合わせます。「中性母音」は「陽性母音·陰性母音」どちらとも組み合わせ出来ます。

◆ 母音の組み合わせを書きながら、発音を練習してみましょう。

陽性母音＋陽性母音

와			

陰性母音＋陰性母音

워			

陽性母音＋中性母音

애			
얘			
왜			
외			

陰性母音＋中性母音

에			
예			
웨			
위			
의			

日常慣用表現

7

만나서 반가워요 .　お会いできてうれしいです。
잘 부탁합니다 .　よろしくお願いします。

母音Ⅱ・子音Ⅱ（激音・濃音）

2 母音Ⅱ

母音Ⅱは 21 個の母音のうち、基本的な母音 10 個を除いた 11 個です。

◆「ㅇ」と組み合わせて書きながら発音を練習してみましょう。

♪ 8

文字	発音	書き順		練　習				
ㅐ	[ɛ]	ㅏ	ㅐ	애	애			
ㅒ	[jɛ]	ㅑ	ㅒ	얘	얘			
ㅔ	[e]	ㅓ	ㅔ	에	에			
ㅖ	[je]	ㅕ	ㅖ	예	예			
ㅘ	[wa]	ㅗ	ㅘ	와	와			
ㅙ	[wɛ]	ㅗ	ㅙ	왜	왜			
ㅚ	[ö]	ㅗ	ㅚ	외	외			
ㅝ	[wə]	ㅜ	ㅝ	워	워			
ㅞ	[we]	ㅜ	ㅞ	웨	웨			
ㅟ	[wi]	ㅜ	ㅟ	위	위			
ㅢ	[ɨi]	ㅡ	ㅢ	의	의			

子音Ⅱ（激音・濃音）

「激音」と「濃音」は基本的に「平音」と同じ位置で発音します。平音と同じ位置で息を激しく出したら「激音」が、空気を積もらせる感じで濃密に発音すれば「濃音」になります。

◆ 母音と組み合わせて書きながら、激音と濃音の発音を練習してみましょう。

激音

文字	発音	書き順				練　習		
ㅋ	$[k^h]$	ㄱ	ㅋ					
ㅌ	$[t^h]$	ㅡ	ㄷ	ㅌ				
ㅍ	$[p^h]$	ㅡ	ㄱ	ㅠ	ㅍ			
ㅊ	$[ts^h]$	ˉ	ㅈ	ㅊ				

濃音

文字	発音	書き順		練　習				
ㄲ	$[^{ʔ}k]$	ㄱ	ㄲ					
ㄸ	$[^{ʔ}t]$	ㄷ	ㄸ					
ㅃ	$[^{ʔ}p]$	ㅂ	ㅃ					
ㅆ	$[^{ʔ}s]$	ㅅ	ㅆ					
ㅉ	$[^{ʔ}ts]$	ㅈ	ㅉ					

4 子音Ⅱ＋母音Ⅱ

◆ 子音と母音を組み合わせて書きながら発音を練習してみましょう。

子音 / 母音	ㅋ [kʰ]	ㅌ [tʰ]	ㅍ [pʰ]	ㅊ [tsʰ]	ㄲ [ˀk]	ㄸ [ˀt]	ㅃ [ˀp]	ㅆ [ˀs]	ㅉ [ˀts]
ㅐ [ɛ]	캐								
ㅒ [jɛ]		턔							
ㅔ [e]			페						
ㅖ [je]				체					
ㅘ [wa]					꽈				
ㅙ [wɛ]						뙈			
ㅚ [ö]							뾔		
ㅝ [wə]								쒀	
ㅞ [we]									쮀
ㅟ [wi]								쒸	
ㅢ [ɨi]							쁴		

2

母音Ⅱ・子音Ⅱ（激音・濃音）

◆ 平音・激音・濃音を意識しながら発音してみましょう。

9

개 / 캐 / 깨　　뒤 / 튀 / 뛰　　봐 / 퐈 / 뽜

사요 / 싸요　　자다 / 차다 / 짜다

◆ 次の単語を発音しながら書いてみましょう。

애기	애기	애기				赤ちゃん
얘기	얘기	얘기				話
예의	예의	예의				礼儀
와이퍼	와이퍼	와이퍼				ワイパー
왜	왜	왜				何故
위	위	위				上
의사	의사	의사				医者
의자	의자	의자				椅子

◆ 次の単語を読んでみましょう。

◆ 次の単語を発音しながら書いてみましょう。

과거	과거	과거		過去
때	때	때		時
스파게티	스파게티	스파게티		スパゲティ
스포츠	스포츠	스포츠		スポーツ
어깨	어깨	어깨		肩
아파트	아파트	아파트		マンション
야채	야채	야채		野菜
오빠	오빠	오빠		兄さん(女性から)
우표	우표	우표		切手
유치	유치	유치		誘致
취미	취미	취미		趣味
치마	치마	치마		スカート
커피	커피	커피		コーヒー
테니스	테니스	테니스		テニス
파티	파티	파티		パーティー
포도	포도	포도		ブドウ
피자	피자	피자		ピザ

文法確認

1 発音を聞いて該当するものにチェックしてみましょう。

10

例) [와] ☑ 와　□ 워

1. □ 위　□ 의
2. □ 애　□ 예
3. □ 와　□ 웨
4. □ 외　□ 의

2 発音を聞いて正しいものを選んでみましょう。

11

1. (　　　　)

① 워커　② 와코　③ 왜꺼　④ 의꼬

2. (　　　　)

① 처리　② 쩌리　③ 쪼리　④ 초리

3 発音する際、同じ現象が起こらないものを選んでみましょう。

1. ① 거기　② 나라　③ 두부　④ 모두
2. ① 대화　② 과자　③ 회사　④ 마리

4 発音を聞いて正しいものを選んでみましょう。

12

1. (　　　　)

① 차다　② 짜다　③ 자다　④ 사다

2. (　　　　)

① 그고　② 끄코　③ 크고　④ 그꼬

3. (　　　　)

① 처치　② 쪼지　③ 초찌　④ 쩌지

4. (　　　　)

① 터시　② 또시　③ 토씨　④ 또치

単語まとめ

次の単語の意味を調べ、オリジナルの単語帳をつくってみましょう。

♪13

□	거기		□	예의	
□	과거		□	오빠	
□	과자		□	와이퍼	
□	나라		□	왜	
□	노트		□	우표	
□	두부		□	위	
□	때		□	유치	
□	마리		□	의사	
□	모두		□	의자	
□	스키		□	차	
□	스파게티		□	취미	
□	스포츠		□	치마	
□	아파트		□	카메라	
□	애		□	커피	
□	애기		□	케이크	
□	야채		□	테니스	
□	얘기		□	토끼	
□	어깨		□	파티	
□	예		□		

◆ **日本と同じく 6-3-3-4 制**

⇒ 초등학교（小学校）の 6 年間と중학교（中学校）の 3 年間は義務教育

◆ **대학교（大学）は日本と同じく 4 年制が基本**

⇒ 2・3 年制の大学もある

⇒ 大学受験（수학능력시험 – 수능）は 11 月、新学期は 3 月から翌年の 2 月までの 1 年間

받침

学習文法

- パッチムとは
- 発音の変化(2)：パッチム(받침)と代表音、連音化、濃音化、激音化、鼻音化

1 パッチムとは

子音は母音の前でも下でもつけることができるということを１課のハングルの仕組みのところで学びましたが、そのうち、母音の下につけた子音を特に「パッチム(받침)」といいます。

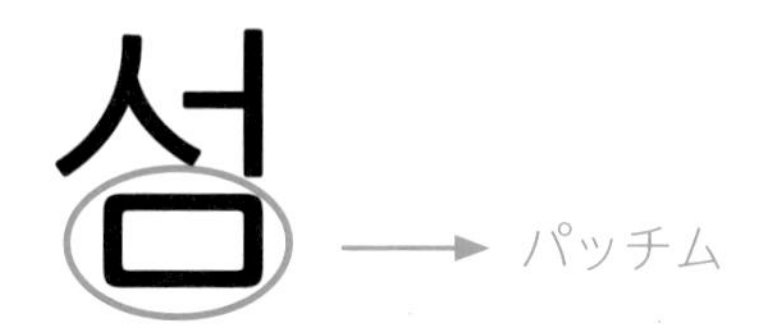

⇒ 二つの「ㅇ」について：

ハングルには「ㅇ」が二か所で見られます。一つは母音の前の「ㅇ」で、もう一つは母音の下の「ㅇ」です。この二つは、形は同じですが果たす機能は完全に違います。母音の前の「ㅇ」は、形を作るためにつけたものにすぎませんが、母音の下の「ㅇ」は [ŋ] という自分の音価を持っています。

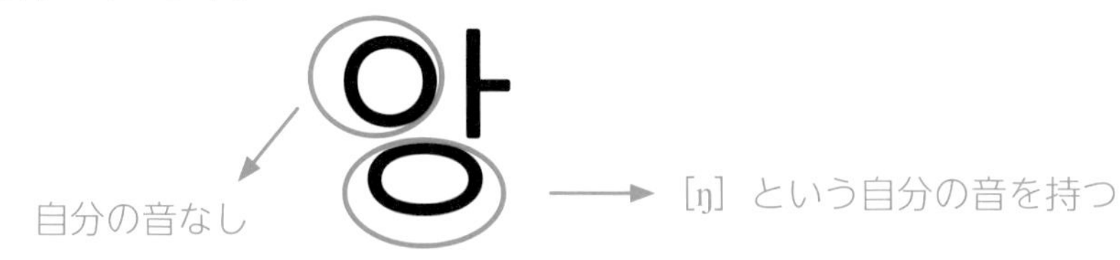

日常慣用表現

14

실례합니다 .	失礼します。
어서 오세요 .	いらっしゃいませ。

パッチム

2 発音の変化(2)

1. パッチム(받침)と代表音

原則として、書くときは全ての子音をパッチムとして使えますが、パッチムの発音は次の7つしかありません。その7つの発音を「代表音」といいます。

パッチム	代表音
ㄱ, ㅋ, ㄲ (ㄳ, ㄺ)	[ㄱ] [k]
ㄴ (ㄵ, ㄶ)	[ㄴ] [n]
ㄷ, ㅌ, ㅅ, ㅆ, ㅈ, ㅊ, ㅎ	[ㄷ] [t]
ㄹ (ㄼ, ㄽ, ㄾ, ㅀ)	[ㄹ][l]、'ㄼ'は[ㅂ]もある
ㅁ (ㄻ)	[ㅁ] [m]
ㅂ, ㅍ (ㅄ, ㄿ)	[ㅂ] [p]
ㅇ	[ㅇ] [ŋ]

単パッチム

책 [책]　부엌 [부억]　엮 [역]
옷 [옫]　빛 [빋]　밑 [믿]
입 [입]　잎 [입]

二重パッチム

값 [갑]　많 [만]　잃 [일]
읽 [익]　밟 [발]　읊 [읍]

◆ 次の説明と絵を参考にしてパッチムの発音を練習してみましょう。

[ㄱ]	「アッカ」の「ッ」を発音するときとメカニズムがほぼ同じ。
[ㄴ]	「アンナ」の「ン」を発音するときとメカニズムがほぼ同じ。
[ㄷ]	「アッタ」の「ッ」を発音するときとメカニズムがほぼ同じ。
[ㄹ]	英語の「l」と発音のメカニズムがほぼ同じ。
[ㅁ]	「アンマ」の「ン」を発音するときとメカニズムがほぼ同じ。
[ㅂ]	「アッパ」の「ッ」を発音するときとメカニズムがほぼ同じ。
[ㅇ]	「マンガ」の「ン」を発音するときとメカニズムがほぼ同じ。

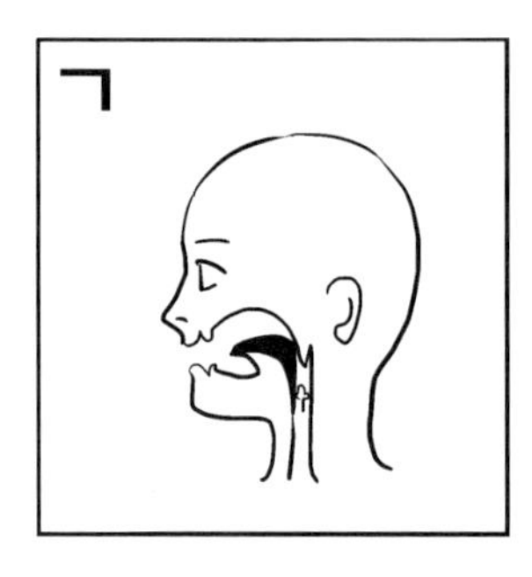

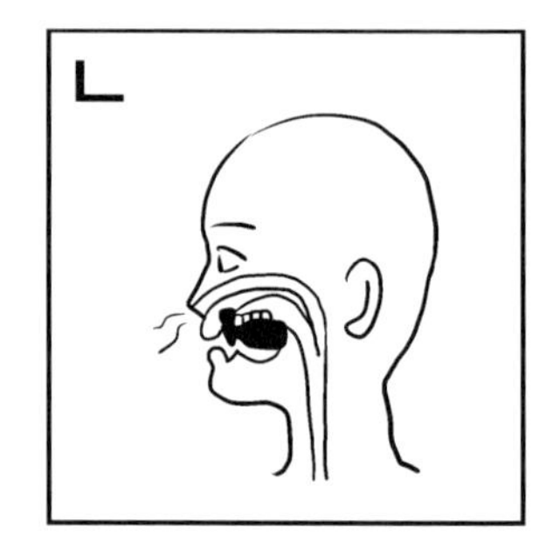

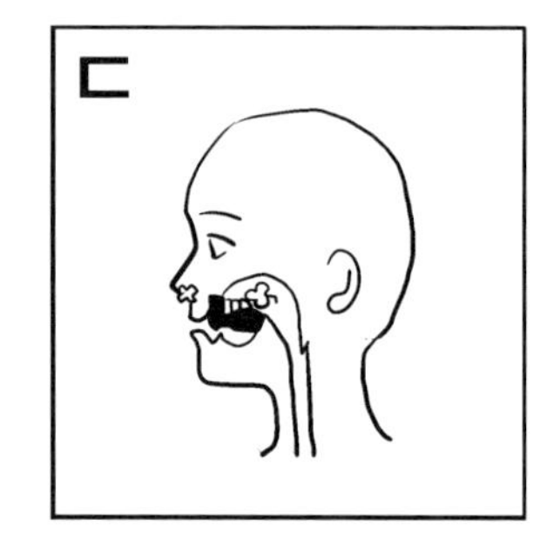

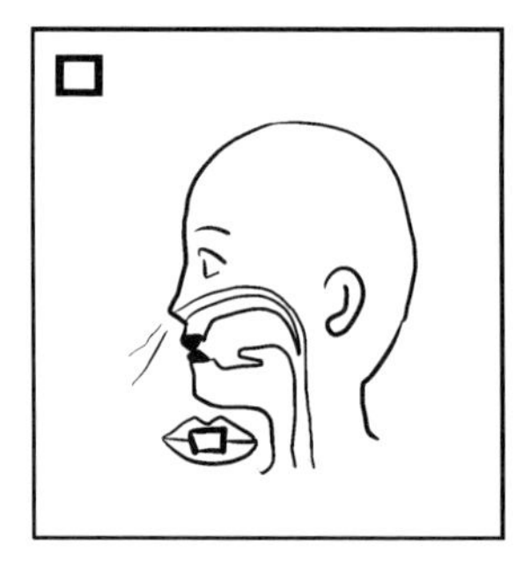

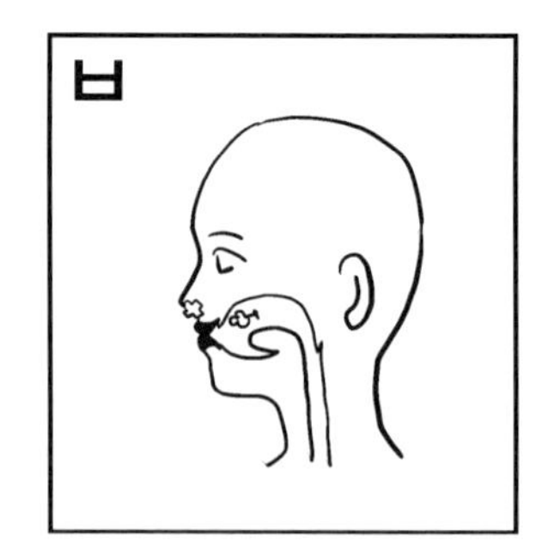

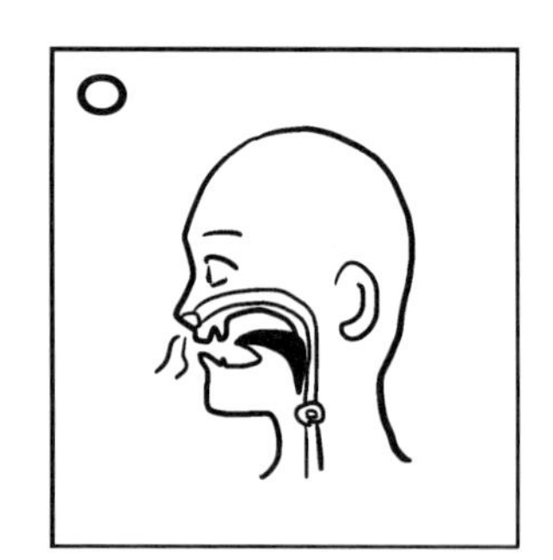

2. 連音化

「パッチム(받침)」の後に母音がある時は、パッチムを後ろの母音と組み合わせて発音します。但し、パッチム「ㅇ」は例外です。

음악＋이 ⇒ 음악이 [으마기]　　　사진＋은⇒ 사진은 [사지는]

例外）한강＋이 ⇒ 한강이 [한강이]

⇒ 二重子音の連音化：二重子音には、「ㅆ」「ㄲ」のように形が同じものと、「ㄺ」「ㄵ」のように形が違うものがあります。連音するときは、形が同じものは一つの濃音として、違うものは別々に扱います。

있어요 [이써요]　　　엮어서 [여꺼서]

읽어요 [일거요]　　　앉아요 [안자요]

3. 濃音化

パッチム「ㄱ / ㄷ / ㅂ」の後に子音「ㄱ / ㄷ / ㅂ / ㅅ / ㅈ」が続く場合は、後ろの子音が濃音([ㄲ / ㄸ / ㅃ / ㅆ / ㅉ])に変わります。

「ㄱ / ㄷ / ㅂ」＋「ㄱ / ㄷ / ㅂ / ㅅ / ㅈ」
→ [ㄱ / ㄷ / ㅂ] ＋ [ㄲ / ㄸ / ㅃ / ㅆ / ㅉ]

먹고 [먹꼬]　　　식당 [식땅]　　　책상 [책쌍]

4. 激音化

子音「ㅎ」の前後に子音「ㄱ / ㄷ / ㅂ / ㅈ」が続くと、二つが合わせられ激音に変わります。

「ㅎ」＋「ㄱ / ㄷ / ㅂ / ㅈ」或いは＋「ㄱ / ㄷ / ㅂ / ㅈ」＋「ㅎ」
→ 後ろのところで [ㅋ / ㅌ / ㅍ / ㅊ]

축하 [추카]　　　좋다 [조타]　　　밥하고 [바파고]

5. 鼻音化

パッチム「ㄱ / ㄷ / ㅂ」の後ろに子音「ㄴ / ㄹ / ㅁ」が続くとパッチムの音は鼻音 [ㅇ / ㄴ / ㅁ] に変わります。

「ㄱ / ㄷ / ㅂ」＋「ㄴ / ㄹ / ㅁ」→ [ㅇ / ㄴ / ㅁ] ＋ [ㄴ / ㄹ / ㅁ]

합니다 [함니다]　　　법문 [범문]

작년 [장년]　　　몇 명→ [멷 명] → [면명]

◆ 次の単語を、発音しながら書いてみましょう。

약	약	약			薬
안경	안경	안경			メガネ
양말	양말	양말			靴下
여행	여행	여행			旅行
영화	영화	영화			映画
음악	음악	음악			音楽

◆ 次の単語を読んでみましょう。

◆ 次の単語を発音しながら書いてみましょう。

감기	감기	감기					風邪
값	값	값					値段
강	강	강					川
고향	고향	고향					故郷
길	길	길					道
꽃	꽃	꽃					花
남자	남자	남자					男子
말	말	말					言葉
밑	밑	밑					下
부엌	부엌	부엌					台所
산	산	산					山
생일	생일	생일					誕生日
소금	소금	소금					塩
식당	식당	식당					食堂
창문	창문	창문					窓
책상	책상	책상					机
축구	축구	축구					サッカー
축하	축하	축하					祝賀
편지	편지	편지					手紙

文法確認

1 次の中で発音として正しくないものを選んでみましょう。

1. ① 꽃 [꼳]　② 생일 [새일]　③ 읽다 [익따]　④ 좋다 [조타]
2. ① 입다 [입다]　② 졸업 [조럽]　③ 축하 [추카]　④ 학교 [학꾜]
3. ① 많이 [마니]　② 값도 [갑또]　③ 잃고 [일코]　④ 밟지 [발지]

2 発音する際、他の 3 つと違う現象が起こるものを選んでみましょう。

1. ① 학교　② 잡지　③ 음악　④ 악기
2. ① 먹다　② 시간　③ 밥집　④ 꽃밭
3. ① 생명　② 상왕　③ 공부　④ 방안

3 次の発音として正しいものを選んでみましょう。

1. 길앞에
   ① [길앞에]　② [기라페]　③ [기랖에]　④ [기랍에]
2. 없어요
   ① [없어요]　② [어버요]　③ [업서요]　④ [업써요]
3. 읊고
   ① [읍꼬]　② [읊고]　③ [을꼬]　④ [읖고]

4 発音する際、発音変化が起こらないものを選んでみましょう。

1. ① 앞에　② 성문　③ 식당　④ 촛불
2. ① 집안　② 많이　③ 심문　④ 국밥
3. ① 손님　② 음악　③ 책상　④ 축하

単語まとめ

次の単語の意味を調べ、オリジナルの単語帳をつくってみましょう。

♪15

□	가방		□	악기	
□	감기		□	안경	
□	값		□	약	
□	강		□	양말	
□	고양이		□	여행	
□	고향		□	연필	
□	길		□	영화	
□	꽃		□	옷	
□	남자		□	음악	
□	돈		□	입다	
□	말		□	작년	
□	밑		□	잡지	
□	부엌		□	졸업	
□	사진		□	창문	
□	산		□	책	
□	생일		□	책상	
□	섬		□	축구	
□	소금		□	축하	
□	손님		□	편지	
□	식당		□	학교	

◆ 三国時代(BC 1 ～ AD 7C)：고구려 (高句麗)・백제 (百済)・신라 (新羅)・その他
◆ 南北時代 (7 ～ 10C)：통일신라 (統一新羅)・발해 (渤海)
◆ 고려 (高麗) (10 ～ 14C)
◆ 조선 (朝鮮) (14 ～ 20C)
◆ 日本の植民地時代 (1910 ～ 1945 年)
◆ 대한민국 (大韓民国)・조선민주주의인민공화국 (北朝鮮) (1948 年～現在)

1-3 課　総合復習

1 母音Ⅰを発音しながら書いてみましょう。

아	야	어	여	오	요	우	유	으	이
①	②	③	④	⑤	⑥	⑦	⑧	⑨	⑩

♪16

2 発音を聞いて**1**の番号を書いてみましょう。

1.	2.	3.	4.	5.

3 「ㅓ、ㅗ、ㅜ、ㅡ」を付けて発音しながら書いてみましょう。

	ㄱ	ㄴ	ㄷ	ㄹ	ㅁ	ㅂ	ㅅ	ㅈ	ㅎ
ㅓ									
ㅗ									
ㅜ									
ㅡ									

4 母音Ⅱを発音しながら書いてみましょう。

애	에	얘	예	와	왜	외	워	웨	위	의
①	②	③	④	⑤	⑥	⑦	⑧	⑨	⑩	⑪

♪17

5 発音を聞いて**4**の番号を書いてみましょう。

1.	2.	3.	4.	5.

6 「ㅓ、ㅗ、ㅜ、ㅡ」を付けて発音しながら書いてみましょう。

	ㅋ	ㅌ	ㅍ	ㅊ	ㄲ	ㅃ	ㅆ	ㅉ
ㅓ								
ㅗ								
ㅜ								
ㅡ								

7 次の発音をハングルで書いてみましょう。

1. 옷 [　　] 2. 부엌 [　　] 3. 학교 [　　] 4. 값 [　　]
5. 좋다 [　　] 6. 미안합니다 [　　]

8 発音する際、発音変化が起こらないものを選んでみましょう。

1. ① 가구　② 배우　③ 조부　④ 파도
2. ① 정말　② 축하　③ 밥상　④ 만화
3. ① 옆에　② 성문　③ 전화　④ 축구

9 発音する際、他の３つと違う現象が起こるものを選んでみましょう。

1. ① 길하다　② 영화　③ 점화　④ 간호사
2. ① 고기　② 다방　③ 준비　④ 자리
3. ① 먹방　② 닫다　③ 집기　④ 남자

10 次の発音として正しいものを選んでみましょう。

1. 산앞에
① [산앞에]　② [사나페]　③ [사낲에]　④ [산압에]
2. 있어요
① [있어요]　② [잇서요]　③ [이써요]　④ [이어요]

11 発音として正しくないものを選んでみましょう。

1. ① 옷 [옫]　② 종일 [조일]　③ 밝은 [발근]　④ 갔다 [갇따]
2. ① 춥다 [춥다]　② 직업 [지겁]　③ 박하 [바카]　④ 닦고 [닥꼬]

저는 다나카 쇼입니다.

学習文法

- 体言＋은 / 는
- 体言＋입니다 / 입니까？
- 体言＋이 / 가 아닙니다
- 体言＋예요 / 이에요

1 体言＋은 / 는　体言＋は

対照・話題の意味を表す助詞です。体言がパッチムで終わる場合は「은」、パッチムがない場合は「는」が用いられます。

パッチムで終わる場合	은
パッチムがない場合	는

거울은（鏡は）　　중학생은（中学生は）

장소는（場所は）　　청소기는（掃除機は）

2 体言＋입니다 / 입니까？　体言＋です／ですか

体言につけて丁寧語を作るものです。平叙文の時は「입니다」を、疑問文の時は「입니까？」を使います。叙述格助詞「이다」の語幹「이」に丁寧語を作る語尾「ㅂ니다」「ㅂ니까」が付いた形です。前の体言のパッチムあり、なしにかかわらず、そのまま使えます。

약속입니까？（約束ですか）　　약속입니다.（約束です）

여권입니까？（パスポートですか）　　여권입니다.（パスポートです）

私は田中将です。

3　体言+이 / 가 아닙니다　体言+ではありません

前の単語の内容を否定する役割を担う機能をする表現です。体言がパッチムで終わる場合は「이 아닙니다」、パッチムがない場合は「가 아닙니다」が用いられます。疑問文の時は「体言+이 / 가 아닙니까 ?」を使います。

パッチムで終わる場合	이 아닙니다
パッチムがない場合	가 아닙니다

우산**이 아닙니까**？
(傘ではありませんか)

우산**이 아닙니다**．
(傘ではありません)

딸기**가 아닙니까**？
(イチゴではありませんか)

딸기**가 아닙니다**．
(イチゴではありません)

4　体言+예요 / 이에요　体言+です／ですか

「～입니다 / 입니까」より気軽く使える丁寧語表現で、体言がパッチムで終わる場合は「～이에요」、パッチムがない場合は「～예요」が用いられます。

パッチムで終わる場合	이에요 / 이에요？
パッチムがない場合	예요 / 예요？

맥주**예요**？（ビールですか）

맥주**예요**．（ビールです）

시장**이에요**？（市場ですか）

시장**이에요**．（市場です）

18

本文

다나카 : 안녕하세요? 저는 다나카 쇼입니다.

이유미 : 처음 뵙겠습니다. 저는 이유미입니다.

다나카 : 잘 부탁합니다.

이유미 : 다나카 씨는 대학생입니까?

다나카 : 아니요, 학생이 아닙니다.
회사원이에요.

이유미 : 저는 교사예요. 만나서 반가워요.

19

日常慣用表現

감사합니다.	ありがとうございます。
천만에요.	どういたしまして。

本文単語

♪ 20

저	私	씨	さん、氏	학생	学生
처음	始め	대학생	大学生	회사원	会社員
잘	よく	아니요	いいえ	교사	教師

◆ 文法と単語を参考にして、本文を日本語に訳してみましょう。

안녕하세요 ?

저는 다나카 쇼입니다 .

처음 뵙겠습니다 .

저는 이유미입니다 .

잘 부탁합니다 .

다나카 씨는 대학생입니까 ?

아니요 , 학생이 아닙니다 .

회사원이에요 .

저는 교사예요 .

만나서 반가워요 .

発音の確認

♪ 21

· 안녕하세요 ? [안녕하세요]
· 쇼입니다 [쇼임니다]
· 뵙겠습니다 [뵙껟씀니다]
· 잘 부탁합니다 [잘 부타캄니다]
· 대학생입니까 [대학쌩임니까]
· 학생이 아닙니다 [학쌩이 아님니다]
· 회사원이에요 [회사워니에요]
· 만나서 반가워요 [만나서 반(방)가워요]

文法確認

1 「은 / 는」を付けてみましょう。

	1. 동물 (動物)	2. 강 (川)	3. 침대 (ベッド)
은 / 는			

2 「입니까 ?/ 입니다」を付けた形を完成してみましょう。

	입니까 ?	입니다
1. 거울 (鏡)		
2. 실내 (室内)		

3 「이 / 가 아닙니다」を付けた形を完成してみましょう。

	이 / 가 아닙니까 ?	이 / 가 아닙니다
1. 사전 (辞書)		
2. 여행 (旅行)		
3. 처음 (初め)		

4 「예요 / 이에요」を付けた形を完成してみましょう。

	예요 ?/ 이에요 ?	예요 / 이에요
1. 금연 (禁煙)		
2. 도시 (都市)		
3. 학생 (学生)		

◆ 次の単語を読んでみましょう。

◆ 発音しながら書いてみましょう。

직업	직업	직업			職業
고등학생	고등학생	고등학생			高校生
공무원	공무원	공무원			公務員
대학생	대학생	대학생			大学生
배우	배우	배우			俳優
변호사	변호사	변호사			弁護士
점원	점원	점원			店員
중학생	중학생	중학생			中学生
주부	주부	주부			主婦
초등학생	초등학생	초등학생			小学生

総合練習

♪22 **1** 次の文を聞き、答えとして最もふさわしいものを選んでみましょう。

1. ＿＿＿＿＿＿＿＿＿＿

① 처음 뵙겠습니다 .　② 감사합니다 .

③ 이유미입니다 .　④ 실례합니다 .

2. ＿＿＿＿＿＿＿＿＿＿

① 잘 부탁합니다 .　② 회사원입니다 .

② 안녕하세요 ?　④ 어서 오세요 .

♪23 **2** 次の文を聞き、その意味を日本語で書いてみましょう。

1. ＿＿＿＿＿＿＿＿＿＿
2. ＿＿＿＿＿＿＿＿＿＿
3. ＿＿＿＿＿＿＿＿＿＿

3 次の文章の答えとして最もふさわしいものを選んでみましょう。

1. 안녕하십니까 ?

① 만나서 반가워요 .　② 감사합니다 .

③ 실례합니다 .　④ 어서 오세요 .

2. 직업은 학생입니까 ?

① 저는 이유미예요 .　② 교사예요 .

③ 계단입니다 .　④ 직업은 이유미입니다 .

4 括弧の中を参考に次の文章を韓国語で書き直してみましょう。

1. 私は警察です。(저 , 경찰) :

＿＿＿＿＿＿＿＿＿＿

2. 公務員ではありません。(공무원) :

＿＿＿＿＿＿＿＿＿＿

3. 教師ですか。(교사) :

＿＿＿＿＿＿＿＿＿＿

4. ユミさんは大学生ではありません。(유미 씨, 대학생) :

＿＿＿＿＿＿＿＿＿＿

単語まとめ

次の単語の意味を調べ、オリジナルの単語帳をつくってみましょう。

♪ 24

□	간호사		□	시장	
□	거울		□	씨	
□	경찰		□	약속	
□	계단		□	여권	
□	고등학생		□	우산	
□	공무원		□	잘	
□	교사		□	장소	
□	금연		□	저	
□	대학생		□	점원	
□	도시		□	중학생	
□	동물		□	직업	
□	딸기		□	처음	
□	맥주		□	청소기	
□	배우		□	초등학생	
□	변호사		□	침대	
□	사전		□	학생	
□	선생님		□	회사원	
□	선수		□		

◆ **基本文化：**儒教文化（韓国）と侍文化（日本）

◆ **居住文化：**マンションの割合（韓国は 60%以上、日本は 10%以上）

◆ **自動車文化：**進行方向（韓国は右側で走る）・ハンドルの位置（韓国は左側）

◆ **食文化：**店の無料おかず・スプーン（ご飯とスープ）とお箸（おかず）の使い方
ラーメン：殆どがインスタントラーメンで副次的なもの（日本は主食）

학생식당 뒤에 있습니다.

学習文法

- 体言+이 / 가
- 体言+에
- 語幹+ㅂ니다 / 습니다
- 이 / 그 / 저 / 어느
- 語幹+고 싶다

1 体言+이 / 가　体言+~が

이 / 가の前にある体言が文章の主語であることを表す助詞です。体言がパッチムで終わる場合は「이」、パッチムがない場合は「가」が用いられます。

パッチムで終わる場合	이
パッチムがない場合	가

선생님**이**（先生が）　　모자**가**（帽子が）

2 体言+에　体言+に(位置)、体言+へ(方向)

前の単語が空間的・時間的な位置か方向を示す副詞語であることを表す助詞です。前の体言のパッチムあり、なしにかかわらず、そのまま使えます。

사전은 가방**에** 있습니다.（空間的な位置）
（辞書はカバンにあります）

오후**에** 도서관**에** 갑니다.（時間的な位置／方向）
（午後に図書館へ行きます）

⇒「人+に」の場合は「人+**에게 / 한테**」を使います。

배우**에게** 줍니다.（俳優に与えます）
사진은 저 선수**한테** 있습니다.（写真はあの選手にあります）

学生食堂の後ろにあります。

3 語幹+ㅂ니다 / 습니다　語幹+ます、です

語幹につけて丁寧語を作る語尾で、語幹が母音かパッチム「ㄹ」で終わる場合は「ㅂ니다」が、「ㄹ」以外のパッチムで終わる場合は「습니다」が用いられます。疑問文には「ㅂ니까 ?/ 습니까 ?」が用いられます。

※語幹の最後の「ㄹ」は後ろに「ㄴ / ㅂ / ㅅ」が来る場合は脱落します。

パッチムがない場合	ㅂ니다 / ㅂ니까 ?
「ㄹ」パッチムの場合	
「ㄹ」以外のパッチムの場合	습니다 / 습니까 ?

오다 (来る) ⇒ 옵니까 ?　　타다 (乗る) ⇒ 탑니다 .
살다 (住む) ⇒ 삽니까 ?　　먹다 (食べる) ⇒ 먹습니다 .

4 이 / 그 / 저 / 어느　この・その・あの・どの

人や物を指すときに使われる冠形詞(限定詞)です。

指示	もの	もの+助詞	場所
이 (この)	이것 (これ) / 이거	이것은 ⇒ 이건	여기 (ここ)
그 (その)	그것 (それ) / 그거	그것은 ⇒ 그건	거기 (そこ)
저 (あの)	저것 (あれ) / 저거	저것은 ⇒ 저건	저기 (あそこ)
어느 (どの)	어느 것 (どれ) / 어느 거	어느 것은 ⇒ 어느 건	어디 (どこ)

5 語幹+고 싶다　語幹+したい

願いや願望を表現するときに用いられるものです。前の語幹のパッチムあり、なしにかかわらず、そのまま使えます。

基本形	~고 싶다	~고 싶습니다	~고 싶어요
마시다 (飲む)	마시고 싶다	마시고 싶습니다	마시고 싶어요
걷다 (歩く)	걷고 싶다	걷고 싶습니다	걷고 싶어요

25

本文

다나카 : 도서관이 어디예요 ?

이유미 : 학생식당 뒤에 있습니다 .

다나카 : 식당 옆은 무엇입니까 ?

이유미 : 그것은 수영장입니다 .

다나카 : 서점에 가고 싶습니다 .

이유미 : 서점은 저 건물 안에 있습니다 .

26

日常慣用表現

축하합니다 . おめでとうございます。

고맙습니다 . ありがとうございます。

本文単語

27

도서관	図書館	식당	食堂	서점	書店
어디	どこ	옆	隣、側	가다	行く
학생식당	学生食堂	무엇	何	저	あの
뒤	後ろ	그것	それ	건물	建物
있다	ある	수영장	プール	안	中、内

◆ 文法と単語を参考にして、本文を日本語に訳してみましょう。

도서관이 어디에요 ?

학생식당 뒤에 있습니다 .

식당 옆은 무엇입니까 ?

그것은 수영장입니다 .

서점에 가고 싶습니다 .

서점은 저 건물 안에 있습니다 .

発音の確認

28

- 도서관이 [도서과니]
- 학생식당 [학쌩식땅]
- 있습니다 [읻씀니다]
- 옆은 무엇입니까 ? [여픈 무어심니까]
- 그것은 [그거슨]
- 서점에 [서저메]
- 싶습니다 [십씀니다]
- 안에 있습니다 [아네 읻씀니다]

文法確認

1 「이 / 가」を付けてみましょう。

	1. 바지 (ズボン)	2. 고향 (故郷)	3. 사진 (写真)
이 / 가			

2 「ㅂ니다 / 습니다」を付けた形を完成してみましょう。

	ㅂ니까 ?/ 습니까 ?	ㅂ니다 / 습니다
1. 오다 (来る)		
2. 먹다 (食べる)		
3. 살다 (住む)		

3 「이 / 그 / 저 / 어느」の中から選んで入れてみましょう。

1. このリンゴ	(　　) 사과	2. その主婦	(　　) 주부
3. あの病院	(　　) 병원	4. どの書店	(　　) 서점

4 「고 싶습니다 / 싶어요」を付けた形を完成してみましょう。

	고 싶습니다	고 싶어요
1. 배우다 (学ぶ)		
2. 읽다 (読む)		

5 表から適切なものを選んで(　)の中に入れるか、正しい形に直して文章を完成してみましょう。

이 / 가	은 / 는	에	에게 / 한테
고 싶다	이 / 가 아닙니다	이 / 그 / 저 / 어느	

1. 노래방 (に：　　) 누나 (が：　　) 있습니다 .
2. (あの：　　　) 학생 (は：　　) 서점 (に：　　) 갑니다 .
3. 오빠 (は：　　) 회사원 (ではありません：　　　　　　　　).
4. 저 (は：　　) 형 (に：　　) (その：　　　) 사전을 (あげたいです (주다)：　　　　　　).

◆ 次の単語を読んでみましょう。

位置

왼쪽 / 오른쪽　　위 / 아래　　앞 / 뒤　　안 / 밖

◆ 発音しながら書いてみましょう。

공원	공원	공원			公園
공항	공항	공항			空港
교실	교실	교실			教室
극장	극장	극장			劇場
노래방	노래방	노래방			カラオケ
도서관	도서관	도서관			図書館
백화점	백화점	백화점			百貨店
매점	매점	매점			売店
병원	병원	병원			病院
서점	서점	서점			本屋
우체국	우체국	우체국			郵便局
운동장	운동장	운동장			運動場

総合練習

29

1 次の文を聞いて答えとして最もふさわしいものを選んでみましょう。

1. ______________________

① 처음 뵙겠습니다 .　② 천만에요 .

③ 수고하셨습니다 .　④ 안녕히 계세요 .

2. ______________________

① 수영장에 있습니다 .　② 수영장이 아닙니다 .

③ 식당 뒤예요 .　④ 어디가 수영장이에요 .

30

2 次の文を聞いてその意味を日本語で書いてみましょう。

1. ______________________
2. ______________________
3. ______________________

3 次の文章の答えとして最もふさわしいものを選んでみましょう。

1. 도서관이 어디예요 ?

① 그것은 도서관이에요 .　② 수영장이 있습니다 .

③ 저는 서점입니다 .　④ 저 뒤에 있습니다 .

2. 매점에 가고 싶습니다 .

① 저기에 있습니다 .　② 매점은 경찰입니다 .

③ 이 운동장이에요 .　④ 그것은 우체국입니다 .

4 括弧の中を参考に次の文章を韓国語で書き直してみましょう。

1. 食堂の後ろがプールです。(식당 , 뒤 , 수영장) :

____

2. 病院に行きたいです。(병원 , 가다) :

____

3. 会社の中にあります。(회사 , 안 , 있다) :

____

4. あの建物は劇場ではありません。(이 / 그 / 저 , 건물 , 극장) :

____

単語まとめ

次の単語の意味を調べ、オリジナルの単語帳をつくってみましょう。

♪ 31

□	가다		□	살다	
□	건물		□	서점	
□	걷다		□	수영장	
□	공원		□	아래	
□	공항		□	안	
□	교실		□	앞	
□	그		□	옆	
□	극장		□	오다	
□	노래방		□	오른쪽	
□	누나		□	왼쪽	
□	도서관		□	우체국	
□	뒤		□	운동장	
□	마시다		□	읽다	
□	매점		□	있다	
□	먹다		□	저	
□	무엇 / 뭐		□	주다	
□	밖		□	타다	
□	배우다		□	학생식당	
□	백화점		□	형	
□	병원		□		

◆ **「兵役」は男子のみだが国民の義務であるとされる**

⇒ 女性の場合：

・兵役義務に該当しない　　・志願で現役や予備役や民防衛隊に服務できる

◆ **現役服務年齢：**満 18 歳〜 36 歳

◆ **兵役期間：**陸軍・海兵隊（海軍の中でも戦闘を担う）21 カ月／海軍（船の運航関連の軍）22 カ月／空軍・公益勤務要員 24 カ月

오늘 오후에 뭐 해요?

学習文法

- 語幹＋아요 / 어요 / 여요
- 体言＋하고
- 体言＋을 / 를
- 体言＋에서

1 語幹＋아요 / 어요 / 여요　語幹＋ます(か)／です(か)

丁寧語を作る語尾です。「ㅂ니다 / 습니다」「ㅂ니까 / 습니까」に比べて気軽に使える語尾で、語幹の最後の母音が「아요 / 어요 / 여요」を選ぶ基準となります。

「ㅏ」「ㅗ」の場合	아요
「ㅏ」「ㅗ」「하」以外の母音の場合	어요
「으」語幹	「으」を落として아요 / 어요
「하」の場合	여요

基本形	아요 / 어요 / 여요	아요 ?/ 어요 ?/ 여요 ?
자다 (寝る)	자＋아요 → 자요	자요 ?
오다 (来る)	오＋아요 → 와요	와요 ?
마시다 (飲む)	마시＋어요 → 마셔요	마셔요 ?
하다 (する)	하＋여요 → 해요	해요 ?

⇒ 語幹が「으」で終わった場合は、「으」をなくしてその前の母音を見て判断します。母音が「으」のみの場合は「어요」を使います。

쓰다 (書く)	쓰＋어요 → 써요	써요 ?
바쁘다 (忙しい)	바쁘＋아요 → 바빠요	바빠요 ?

今日の午後に何をしますか。

2 体言+을 / 를　体言+を

前の体言が行為の目的になるようにする助詞です。体言がパッチムで終わる場合は「을」、パッチムがない場合は「를」が用いられます。

パッチムで終わる場合	을
パッチムがない場合	를

필통을 사요 .（筆箱を買います）　노래를 배워요 .（歌を学びます）

3 体言+하고　体言+と

体言と体言を対等に結ぶ助詞です。体言のパッチムあり、なしにかかわらず、そのまま使えます。

의사하고 간호사
（医者と看護師）

선생님하고 친구들
（先生と友人達）

「과 / 와」も同じ役割をする助詞です。但し、この場合は体言がパッチムで終わる場合は「과」をパッチムがない場合は「와」が用いられます。

パッチムで終わる場合	과
パッチムがない場合	와

도서관과 수영장
（図書館とプール）

가수와 노래
（歌手と歌）

4 体言+에서　体言+で

叙述語の動作が行われる場所を表す助詞です。体言のパッチムあり、なしにかかわらず、そのまま使えます。

운동장에서 해요 .
（運動場でします）

우체국에서 보냅니다 .
（郵便局で送ります）

⇒ 叙述語が往来発着関連動詞の場合は出発点の「から」の役割をします。

공항에서 떠나요 .
（空港から出発します）

백화점에서 옵니다 .
（百貨店から来ます）

♪ 32

本文

이유미： 오늘 오후에 뭐 해요？

다나카： 학교에서 친구를 만나요．

이유미： 친구하고 어디에 가요？

다나카： 같이 야구를 봐요．

이유미： 함께 저녁 먹어요．

다나카： 그럼，정문 앞에서 봐요．

♪ 33

日常慣用表現

안녕히 주무세요．	お休みなさい。
또 만나요．	また会いましょう。

本文単語

34

오늘	今日	만나다	会う	함께	共に
오후	午後	어디	どこ	저녁	夕飯
뭐	何	가다	行く	먹다	食べる
하다	する	같이	一緒に	그럼	では
학교	学校	야구	野球	정문	正門
친구	友人	보다	見る	앞	前、先

◆ 文法と単語を参考にして、本文を日本語に訳してみましょう。

오늘 오후에 뭐 해요 ?

학교에서 친구를 만나요 .

친구하고 어디에 가요 ?

같이 야구를 봐요 .

함께 저녁 먹어요 .

그럼 , 정문 앞에서 봐요 .

発音の確認

35

- 오후에 [오후에]
- 학교에서 [학꾜에서]
- 친구를 [친(칭)구를]
- 친구하고 [친(칭)구하고]
- 같이 [가치]
- 먹어요 [머거요]
- 앞에서 [아페서]

文法確認

1 「아요 / 어요 / 여요」を付けた形を書いてみましょう。

1. 가르치다		2. 공부하다	
3. 사다		4. 끄다	
5. 모으다		6. 나오다	

2 「을 / 를」を付けてみましょう。

	1. 야채 (野菜)	2. 된장 (味噌)	3. 컵 (コップ)
을 / 를			

3 「하고」の代わりに「과 / 와」から選んで付けてみましょう。

1. 가방하고 사전	가방(　　) 사전 (鞄と辞書)
2. 바지하고 치마	바지(　　) 치마 (ズボンとスカート)

4 表から適切なものを選んで(　)の中に入れるか、正しい形に直して文章を完成してみましょう。

이 / 가	은 / 는	을 / 를	에
에게 / 한테	이 / 가 아닙니다	이 / 그 / 저 / 어느	과 / 와

1. 가게 (で :　　) 필통 (と :　　) 가방 (を :　　) (見物します (구경하다) :　　　).
2. 친구 (に :　　) 편지 (と :　　) 선물 (を :　　) 보내요 .
3. 선생님 (が :　　) 교실 (に :　　) 있습니다 .
4. (あの :　　　) 비누 (は :　　) (その :　　) 선수 것 (ではありません :　　　　).
5. (どの :　　　) 사전 (が :　　) (この :　　) 학생 것 (ですか :　　　　)?

◆ 次の単語を読んでみましょう。

◆ 発音しながら書いてみましょう。

스포츠	스포츠			スポーツ
골프	골프			ゴルフ
볼링	볼링			ボウリング
스케이트	스케이트			スケート
탁구	탁구			卓球
태권도	태권도			テコンドー

総合練習

1 次の文を聞いて答えとして最も ふさわしいものを選んでみましょう。

36

1. ________________

① 실례합니다 .　② 천만에요 .

③ 또 만나요 .　④ 감사합니다 .

2. ________________

① 어디에 있습니다 .　② 친구하고 저녁 먹어요 .

③ 학교는 가요 .　④ 건물하고 가요 .

2 次の文を聞いてその意味を日本語で書いてみましょう。

37

1. ________________
2. ________________
3. ________________

3 次の文章の答えとして最もふさわしいものを選んでみましょう。

1. 저 건물은 무엇입니까 ?

① 노래방이에요 .　② 회사원이에요 .

③ 저것은 경찰입니다 .　④ 도서관에 있습니다 .

2. 운동장에서 뭐 해요 ?

① 저 운동장이에요 .　② 교실에서 해요 .

③ 야구를 해요 .　④ 운동장은 이것입니다 .

4 括弧の中を参考に次の文章を韓国語で書き直してみましょう。

1. 学校で友人に会います。(학교 , 친구 , 만나다) :

____

2. 鉛筆で書きます。(연필 , 쓰다) :

____

3. 一緒に晩御飯を食べます。(같이 , 저녁 , 먹다) :

____

4. その学生と野球を見ます。(이 / 그 / 저 , 학생 , 야구 , 보다) :

____

単語まとめ

次の単語の意味を調べ、オリジナルの単語帳をつくってみましょう。

♪ 38

□	가르치다		□	선물	
□	같이		□	수영	
□	것		□	스케이트	
□	골프		□	쓰다	
□	공부하다		□	야구	
□	구경하다		□	어느	
□	그럼		□	어디	
□	끄다		□	오늘	
□	나오다		□	자다	
□	농구		□	저	
□	된장		□	저녁	
□	떠나다		□	정문	
□	만나다		□	친구	
□	모으다		□	컵	
□	바쁘다		□	탁구	
□	배구		□	태권도	
□	보내다		□	필통	
□	보다		□	하다	
□	볼링		□	함께	
□	사다		□		

韓国の伝統遊び

◆ **礼式の一つとして興を添えるために、又は、子供たちの教育や遊びとして行われた**

⇒ 主に、**설날**（陰暦のお正月）や**추석**（秋夕－陰暦の 8 月 15 日）などに行われる

・**윷놀이**：双六のような遊戯　・**씨름**：韓国相撲　・**연날리기**：凧揚げ

・**널뛰기**：板跳び　・**팽이치기**：こま回し

⇒ その他、**투호**（投壺）、**공기놀이**（供碁遊び）、**제기차기**（蹴りあそび）などもある

1-6 課　総合復習

1 発音する際、発音変化が起こらないものを選んでみましょう。

1. ① 머리　② 나비　③ 수고　④ 어디
2. ① 문안　② 많이　③ 제일　④ 직장
3. ① 책상　② 살림　③ 공동　④ 독방

2 発音する際、他の 3 つと違う現象が起こるものを選んでみましょう。

1. ① 강화　② 대회　③ 산호　④ 조회
2. ① 축하　② 싫다　③ 학교　④ 좋고
3. ① 다리　② 구두　③ 비누　④ 사과

3 次の発音として正しいものを選んでみましょう。

1. 음악은
   ① [음악은]　② [음아근]　③ [으막은]　④ [으마근]
2. 읽어요
   ① [일거요]　② [읽어요]　③ [이러요]　④ [일어요]
3. 강엄이
   ① [강엄이]　② [강어미]　③ [가어미]　④ [가엄이]

4 発音として正しくないものを選んでみましょう。

1. ① 맑은 [말근]　② 밖 [박]　③ 생일 [새일]　④ 집다 [집따]
2. ① 냄새 [냄새]　② 목적 [목쩍]　③ 식후 [시구]　④ 정신 [정신]
3. ① 국수 [국쑤]　② 생화 [생화]　③ 실화 [시롸]　④ 착하게 [차가게]

5 **表から適切なものを選んで(　　　)の中に入れるか、正しい形に直して文章を完成してみましょう。**

이 / 가	은 / 는	을 / 를	에
과 / 와	에게 / 한테	에서	이 / 그 / 저 / 어느
예요 / 이에요	입니다 / 입니까	아요 / 어요 / 여요	이 / 가 아닙니다

1. 저(は：　) 대학생(です：　　　　　　).
2. 친구(が：　) (います(있다)：　　　　　).
3. 교실(に：　) (行きます(가다)：　　　　　).
4. 주부(ではありません：　　　　　　　　　).
5. 중학생(ですか：　　　　　)?
6. 선생님(に：　) 편지(を：　) (送ります(보내다)：　　　　　).
7. 식당(で：　) (食べます(먹다)：　　　　　).
8. 배우(と：　) 같이 사진(を：　) (取ります(찍다)：　　　　　).
9. (どの：　　) 사과(が：　) (この：　) 학생 것(ですか：　　　　　)?
10. 저녁(には：　　) 무엇(を：　) (学びますか(배우다)：　　　　　)?
11. 서점(で：　) 필통(と：　) 노트(を：　)
(見物します(구경하다)：　　　　　　　).
12. 누나(に：　) 돈 (と：　) 선물(を：　) 보내요 .
13. (あの：　　) 모자(は：　)
(その：　) 선수 것(ではありません：　　　　　　　).

시장에 같이 갈까요？

学習文法

●語幹＋고
●数字Ⅰ（漢数字）
●語幹＋(으)ㄹ까요？
●語幹＋(으)세요（尊敬語）

1 語幹＋고　語幹＋くて、して

二つ以上の動詞や形容詞を結んで事実を羅列するときに用いられる語尾です。動詞の場合は行動が順次に行われることも表します。語幹のパッチムあり、なしにかかわらず、そのまま使えます。

크다 ＋ 넓다 ⇒ 영화관이 크고 넓어요．（映画館が大きくて広いです）
먹다 ＋ 하다 ⇒ 밥을 먹고 해요？（ご飯を食べてしますか）

2 語幹＋(으)ㄹ까요？　～しましょうか、～でしょうか

ある物事について相手の意図や推定を聞くときに用いられる語尾です。語幹が母音かパッチム「ㄹ」で終わる場合は「ㄹ까요」が、「ㄹ」以外のパッチムで終わる場合は「을까요」が用いられます。但し、語幹が「ㄹ」で終わる場合は語幹の「ㄹ」をなくします。

パッチムがない場合	ㄹ까요？
「ㄹ」パッチムで終わる場合	
「ㄹ」以外のパッチムで終わる場合	을까요？

넣다 ⇒ 라면을 넣을까요？
（ラーメンを入れましょうか）

나오다 ⇒ 학생이 나올까요？
（学生が出るのでしょうか）

3 数字Ⅰ（漢数字）

영，공	〇	일	一	이	二	삼	三	사	四
오	五	육	六	칠	七	팔	八	구	九
십	十	백	百	천	千	만	万	억	億

主に順番を立てて言う時に用いられる数字で、年･月･日やお金等を表示するときに用いられます。

삼 층
（三階）

이천십팔년 오월 사 일
（二〇一八年五月四日）

십오만 원
（十五万ウォン）

4 語幹+(으)세요　尊敬語+어요

丁寧な命令や尊敬語を表す語尾です。語幹が母音かパッチム「ㄹ」で終わる場合は「세요」が、「ㄹ」以外のパッチムで終わる場合は「으세요」が用いられます。但し、語幹が「ㄹ」で終わる場合は語幹の「ㄹ」をなくします。

パッチムがない場合	세요
「ㄹ」パッチムで終わる場合	
「ㄹ」以外のパッチムで終わる場合	으세요

놓다（置く）⇒ 놓으세요.
（置いてください）

건너다（渡る）⇒ 건너세요?
（お渡りになりますか）

살다（住む）⇒ 사세요.
（お住まいです）

놀다（遊ぶ）⇒ 노세요?
（お遊びになりますか）

「語幹+(으)세요」は尊敬語の語幹に語尾「어요」を付けた形です。

尊敬語

⇒ 韓国語の尊敬語は基本的に「語幹」と「다」の間に「(으) 시」を入れればできます。しかし、日本語の「召し上がる」「いらっしゃる」のように特別な尊敬語もあるので、その場合の「(으) 세요」は特別な尊敬語の語幹が使われます。

基本形	尊敬形	尊敬語+아요 / 어요 / 여요
오다(来る)	오시다	오세요 / 오세요?
앉다(座る)	앉으시다	앉으세요 / 앉으세요?
있다(いる)	계시다	계세요 / 계세요?
마시다(飲む)	드시다	드세요 / 드세요?
먹다(食べる)	드시다	드세요 / 드세요?
자다(寝る)	주무시다	주무세요 / 주무세요?

♪39

本 文

다타카 : 여름 옷은 어디가 싸고 좋아요 ?

이유미 : 동대문시장에 같이 갈까요 ?

＊ ＊ ＊

다나카 : 저 반바지는 얼마예요 ?

점원 : 이만 천 원입니다 .

다나카 : 그거하고 이 티셔츠 주세요 .

점원 : 감사합니다 . 여기 있습니다 .

♪40

日常慣用表現

안녕히 가세요 .	さようなら。(見送る側)
안녕히 계세요 .	さようなら。(去る側)

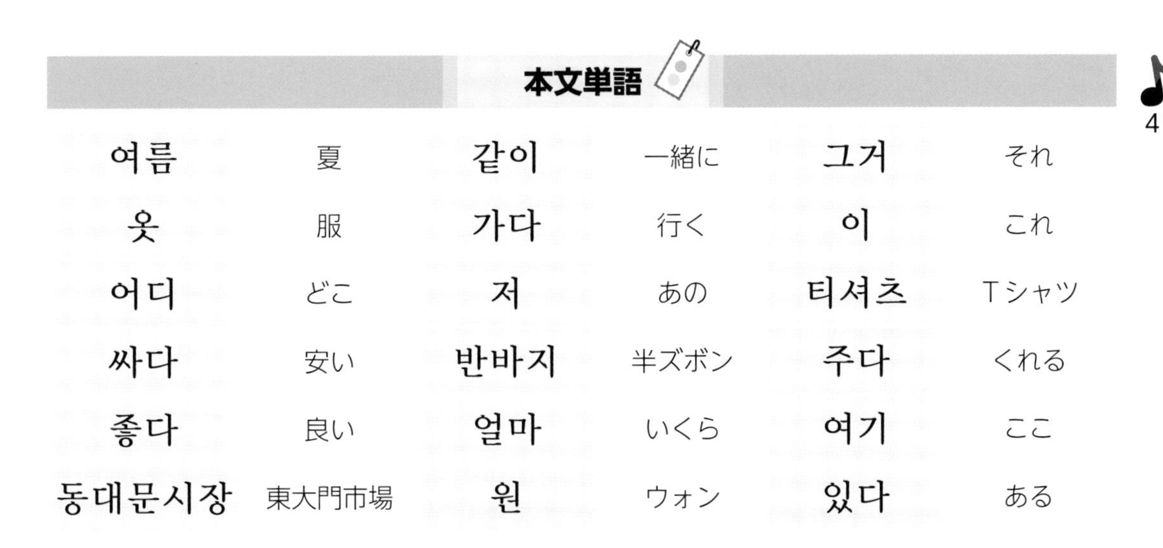

本文単語

41

여름	夏	같이	一緒に	그거	それ
옷	服	가다	行く	이	これ
어디	どこ	저	あの	티셔츠	Tシャツ
싸다	安い	반바지	半ズボン	주다	くれる
좋다	良い	얼마	いくら	여기	ここ
동대문시장	東大門市場	원	ウォン	있다	ある

◆ 文法と単語を参考にして、本文を日本語に訳してみましょう。

여름 옷은 어디가 싸고 좋아요？

동대문 시장에 같이 갈까요？

저 반바지는 얼마예요？

이만 천 원입니다.

그거하고 이 티셔츠 주세요.

감사합니다.

여기 있습니다.

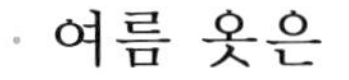

発音の確認

42

・여름 옷은 [여르모슨]

・좋아요 [조아요]

・같이 [가치]

・이만 천 원입니다 [이만처눠님니다]

・감사합니다 [감사함니다]

・여기 있습니다 [여기 읻씀니다]

文法確認

1 「고」を使って二つの単語を結び付けて書いてみましょう。

	語幹＋고
1. 맛있다（美味しい）/ 좋다（良い）	
2. 오다（来る）/ 가다（行く）	

2 「(으)ㄹ까요？」を付けた形を完成してみましょう。

	語幹+(으)ㄹ까요？
1. 넓다（広い）	
2. 주다（あげる）	
3. 멀다（遠い）	

3 次の数字を韓国語（漢数字）で書いてみましょう。

1. 4		6. 1004	
2. 67		7. 35,910	
3. 82		8. 164,582	
4. 135		9. 9,016,375	
5. 5692		10. 23,008,170	

4 「(으)세요」を付けた形を完成してみましょう。

基本形	尊敬形	尊敬形+아요 / 어요 / 여요
1. 있다（いる）		
2. 마시다（飲む）		
3. 먹다（食べる）		
4. 자다（寝る）		

◆ 次の単語を読んでみましょう。

◆ 発音しながら書いてみましょう。

날씨	날씨			天気
덥다	덥다			暑い
따뜻하다	따뜻하다			暖かい
맑다	맑다			晴れる
시원하다	시원하다			涼しい
장마	장마			梅雨
춥다	춥다			寒い
흐리다	흐리다			曇る

総合練習

♪43

1 次の文を聞いて答えとして最もふさわしいものを選んでみましょう。

1. ＿＿＿＿＿＿＿＿＿＿

① 실례합니다 .　② 잘 부탁합니다 .
③ 안녕히 주무세요 .　④ 괜찮아요 .

2. ＿＿＿＿＿＿＿＿＿＿

① 시장에 같이 갈까요 ?　② 서점이 좋아요 .
③ 식당 옆은 어디입니까 ?　④ 저기에 가고 싶습니다 .

♪44

2 次の文を聞いてその意味を日本語で書いてみましょう。

1. ＿＿＿＿＿＿＿＿＿＿
2 ＿＿＿＿＿＿＿＿＿＿
3. ＿＿＿＿＿＿＿＿＿＿

3 次の文章の答えとして最もふさわしいものを選んでみましょう。

1. 시장에 같이 갈까요 ?

① 이만 원이에요 .　② 감사합니다 .
③ 여기 있습니다 .　④ 시장에서 사요 .

2. 그 가방하고 이 티셔츠 주세요 .

① 이 가방은 선생님이에요 .　② 여기 있습니다 .
③ 그 회사원 것이에요 .　④ 티셔츠는 식당입니다 .

4 括弧の中を参考に次の文章を韓国語で書き直してみましょう。

1. 食堂に一緒に行きましょうか。(식당 , 같이 , 가다) :

＿＿＿＿＿＿＿＿＿＿

2. 冬の天気は晴れて寒いです。(겨울 , 날씨 , 맑다 , 춥다) :

＿＿＿＿＿＿＿＿＿＿

3. ノートと鉛筆ください。(노트 , 연필 , 주다) :

＿＿＿＿＿＿＿＿＿＿

4. あの店で傘と地図を買いたいです。(이 / 그 / 저 , 가게 , 우산 , 지도 , 사다) :

＿＿＿＿＿＿＿＿＿＿

単語まとめ

次の単語の意味を調べ、オリジナルの単語帳をつくってみましょう。

45

□	가을		□	반바지	
□	건너다		□	밥	
□	겨울		□	봄	
□	그것 / 그거		□	시원하다	
□	구름		□	싸다	
□	날씨		□	앉다	
□	넓다		□	얼마	
□	넣다		□	여기	
□	년		□	여름	
□	놀다		□	영화관	
□	놓다		□	원	
□	눈		□	월	
□	덥다		□	일	
□	동대문		□	장마	
□	따뜻하다		□	좋다	
□	라면		□	춥다	
□	맑다		□	층	
□	맛있다		□	크다	
□	멀다		□	티셔츠	
□	바람		□	흐리다	

◆ **食事の基本は 밥(ご飯)、국(汁)、김치(キムチ)、そして様々なおかずがある**

◆ **「キムチ」の種類は色々である**

・배추김치：白菜キムチ　　・깍두기：大根キムチ

・오이소박이：キュウリキムチ　　・その他のキムチ

◆ **韓国の代表的な肉料理：**

・불고기(プルコギ)・삼겹살(三枚肉)・갈비(カルビ)

휴대폰 번호가 뭐예요?

学習文法

- 体言+의
- 数字 II (固有数字)
- 語幹+고 있다

体言+의　体言+の

名詞と名詞を結び付け、より大きい名詞句を成り立たせる助詞です。所有の機能をするときは省略される場合が多く、発音は[에]になる傾向があります。

친구(의) 생일
(友人の誕生日)

선생님(의) 고향
(先生の故郷)

⇒ 代名詞「나(俺)」、「저(私、僕)」に「의」を付けたときは短縮形の方が用いられる場合が多いです。前の体言のパッチムあり、なしにかかわらず、そのまま使えます。

나의 → 내
내 사전 (俺の辞書)

저의 → 제
제 바지 (僕／私のズボン)

語幹+고 있다　語幹+している

動作動詞につけて進行を表現するものです。前の語幹のパッチムあり、なしにかかわらず、そのまま使えます。

基本形	고 있다	고 있습니다	고 있어요
알다(知る)	알고 있다	알고 있습니다	알고 있어요
고치다(直す)	고치고 있다	고치고 있습니다	고치고 있어요
읽다(読む)	읽고 있다	읽고 있습니다	읽고 있어요
나오다(出る)	나오고 있다	나오고 있습니다	나오고 있어요
하다(する)	하고 있다	하고 있습니다	하고 있어요
쓰다(書く)	쓰고 있다	쓰고 있습니다	쓰고 있어요

携帯電話の番号は何ですか。

3 数字 II(固有数字)

主に数量を数えるときに用いられる数字です。

하나　一つ 한+개（個）	둘　二つ 두+명（名）	셋　三つ 세+장（枚）	넷　四つ 네+살	다섯　五つ 다섯+単位
여섯　六つ 여섯+単位	일곱　七つ 일곱+単位	여덟　八つ 여덟+単位	아홉　九つ 아홉+単位	열　十 열+単位
열하나 열한 개	열둘 열두 명	열셋 열세 장	열넷 열네 살	열다섯
열여섯	열일곱	열여덟	열아홉	스물 스무+単位

時間を表す表現

時は固有数字で、分は漢数字で読みます。

한 시 一時	두 시 二時	세 시 三時	네 시 四時	다섯 시 五時	여섯 시 六時
일곱 시 七時	여덟 시 八時	아홉 시 九時	열 시 十時	열한 시 十一時	열두 시 十二時

12時15分　열두 시 십오 분　　3時43分　세 시 사십삼 분

電話番号の読み方

電話番号は一つずつ読むのが普通です。「ー」は「의」と書いて「에」と読みます。

⇒「0」は「영」よりは「공」が使われています。特に「6」は書くときはすべて「육」ですが、読み方は三つもあります。

語頭・単独：[육]　「0・3」の後ろ：[뉵]　「母音・ㄹ」の後ろ：[륙]

060−3676−6298　공육공의 삼육칠육의 육이구팔
[공뉵공 (에) 삼뉵칠륙 (에) 육이구팔]

다나카 : 유미 씨, 휴대폰 번호가 뭐예요?

이유미 : 제 번호는 090-1234-5678 이에요.

다나카 : 다음주 토요일에 전화하고 싶어요.

이유미 : 토요일 오후는 괜찮아요.

다나카 : 그럼, 세 시 삼십 분에 걸까요?

이유미 : 네, 기다리고 있겠습니다.

日常慣用表現

미안합니다.	ごめんなさい。
괜찮아요.	大丈夫です。

本文単語

48

휴대폰	携帯電話	토요일	土曜日	시	時
번호	番号	전화하다	電話する	분	分
뭐	何	오후	午後	걸다	かける
제	私の	괜찮다	大丈夫だ	네	はい
다음주	来週	그럼	では	기다리다	待つ

◆ 文法と単語を参考にして、本文を日本語に訳してみましょう。

유미 씨, 휴대폰 번호가 뭐예요?

제 번호는 090-1234-5678 이에요.

다음주 토요일에 전화하고 싶어요.

토요일 오후는 괜찮아요.

그럼, 세 시 삼십 분에 걸까요?

네, 기다리고 있겠습니다.

発音の確認 

49

· 번호가　[버노가]
· 번호는　[버노는]
· 다음주 토요일에　[다음쭈 토요이레]
· 전화하고 싶어요　[저놔하고 시퍼요]
· 오후는 괜찮아요　[오후는 괜차나요]
· 있겠습니다　[읻껟씀니다]

文法確認

1 「의」を付けて句を完成してみましょう。

1. 私の帽子	저 / 모자 ⇒
2. 公務員の財布	공무원 / 지갑 ⇒
3. 俺の切手	나 / 우표 ⇒
4. 選手の服	선수 / 옷 ⇒

2 語尾を付けた形を完成してみましょう。

基本形	고 있어요	고 있습니다
1. 알다 (知る)		
2. 쓰다 (書く)		

3 次の数字を韓国語（固有数字）で書いてみましょう。

1. 五つ		5. 二十	
2. 十		6. 九つ	
3. 四つ		7. 八つ	
4. 二十六		8. 一つ	

4 時刻を表す表現を韓国語で書いてみましょう。

1. 午後三時十六分	
2. 午前五時三七分	
3. 午後四時五九分	

5 次の電話番号を韓国語で書いて、「6」の発音も [ ] 内に書いてみましょう。

1. 03-676-6480	[ ] [ ] [ ]
2. 062-964-6518	[ ] [ ] [ ]
3. 001-0352-1647	[ ]

◆ 次の単語を読んでみましょう。

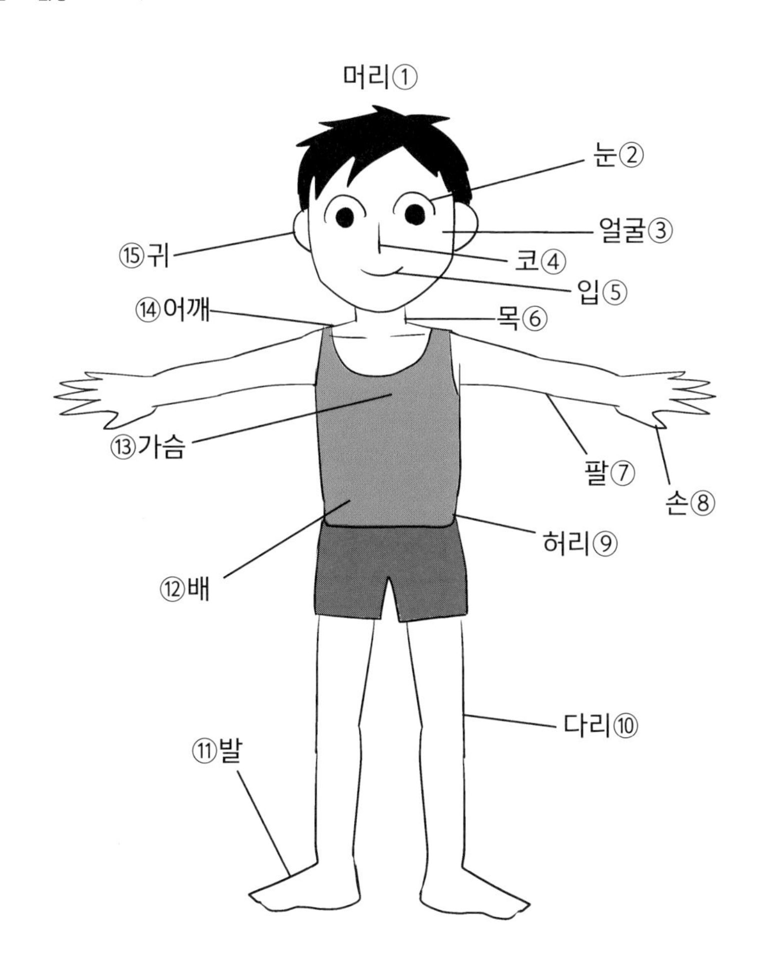

◆ 発音しながら書いてみましょう。

몸	몸	몸			体
이마	이마	이마			額
손목	손목	손목			手首
무릎	무릎	무릎			膝
발목	발목	발목			足首

総合練習

1 次の文を聞き、答えとして最も ふさわしいものを選んでみましょう。

50

1. ____________________

① 또 만나요 .　② 어서 오세요 .
③ 미안합니다 .　④ 축하합니다 .

2. ____________________

① 휴대폰 번호가 뭐예요 ?　② 회사원입니다 .
③ 오후는 괜찮아요 .　④ 이만 칠천 원이에요 .

2 次の文を聞いてその意味を日本語で書いてみましょう。

51

1. ____________________
2. ____________________
3. ____________________

3 次の文章の答えとして最もふさわしいものを選んでみましょう。

1. 세 시에 걸까요 ?

① 축하합니다 .　② 휴대폰 번호예요 .
③ 오후는 괜찮습니다 .　④ 세 시에 오세요 .

2. 오후에 전화하고 싶어요 .

① 네 , 기다리겠습니다 .　② 토요일에 하고 싶어요 .
③ 전화는 얼마예요 ?　④ 네 , 오후에 합니다 .

4 括弧の中を参考に次の文章を韓国語で書き直してみましょう。

1. 私の番号は 090-1234-5678 です。(저 , 번호) :

____

2. 土曜日に電話したいです。(토요일 , 전화 , 하다) :

____

3. 携帯の番号は知っていますか。(휴대폰 , 번호 , 알다) :

____

4. 市場でその服を買いましょうか。(시장 , 이 / 그 / 저 , 옷 , 사다) :

____

単語まとめ

次の単語の意味を調べ、オリジナルの単語帳をつくってみましょう。

♪52

□	가슴		□	분	
□	걸다		□	살	
□	고치다		□	손	
□	괜찮다		□	손목	
□	귀		□	시	
□	기다리다		□	알다	
□	나		□	얼굴	
□	네		□	이마	
□	눈		□	입	
□	다음주		□	장	
□	머리		□	전화	
□	명		□	지갑	
□	목		□	천	
□	몸		□	코	
□	무릎		□	토요일	
□	발		□	팔	
□	발목		□	허리	
□	배		□	휴대폰	
□	번호				

韓国のプロスポーツ

◆ **축구(サッカー)：**
・Kリーグクラシック 12チーム(1部)・Kリーグチャレンジ 10チーム(2部)

◆ **야구(野球)：**KBOリーグ 10チーム

◆ **배구(バレー)：**Vリーグ(男性7チーム、女性6チーム)

◆ **농구(バスケット)：**KBL 10チーム、WKBL 6チーム

◆ **その他：**
E-스포츠(E-スポーツ)や바둑(韓国囲碁リーグ 8チーム)などもある

자전거로 얼마나 걸려요？

学習文法

- 疑問詞
- 体言＋(으)로
- 体言＋에서　体言＋까지

疑問詞

確実ではない人物や物事を尋ねる時に用いられる代名詞です。

누구 / 누가	誰／誰が	어디	どこ
무엇 (뭐)/ 무슨	何／何の	언제	いつ
어떻게 / 어떤	どの様に／どんな	왜	何故、どうして
얼마	幾ら	얼마나	どれくらい

体言＋에서　体言＋까지　体言＋から、体言＋まで

出発点と到着点を表す助詞です。体言が場所と関係のある場合に用いられます。体言のパッチムあり、なしにかかわらず、そのまま使えます。(体言が「ㅣ」で終わる場合は「에」を省略する場合もあります)

여기(에)서 교실까지
(ここから教室まで)

집에서 목욕탕까지
(家から銭湯まで)

⇒ 体言が「時間」や「時間との関係のある」単語の場合は「体言＋부터」「体言＋까지」が用いられます。

아홉 시부터 열두 시까지
(9 時から 12 時まで)

아침부터 저녁까지
(朝から夜まで)

3 体言＋(으)로　体言＋で（道具、手段）、へ（方向）

道具・手段、方法、材料、資格・身分、方向等、幅広く用いられる助詞です。体言が母音かパッチム「ㄹ」で終わる場合は「로」が、「ㄹ」以外のパッチムで終わる場合は「으로」が用いられます。

パッチムがない場合	로
「ㄹ」パッチムで終わる場合	
「ㄹ」以外のパッチムで終わる場合	으로

道具・手段

숟가락으로 먹습니까？
（スプーンで食べますか）

물로 끄세요．
（水で消してください）

方向

한강으로 갈까요？
（漢江へ行きましょうか）

호텔로 옵니다．
（ホテルへ来ます）

※ 日本語の助詞「で」は韓国語の場合、道具・手段や場所を表す助詞として用いられます。「で」の前と後ろの関係を見極めて、前後の関係が道具・手段の場合は「(으)로」を、後ろの行動が行われる場所を示す場合は「에서」を使えばよいです。

차로 가요．（車で行きます）：車は行くための手段
약국에서 일해요．（薬局で働きます）：薬局は働いている場所

※ 日本語の助詞「へ」も、位置を表す「에」と単純方向を表す場合が多い「(으)로」になる場合があります。

바다에 가요（海に行きます）：海が位置する場所に行く
바다로 가요（海へ行きます）：海がある方向を向けて行く

⇒「에」と「(으)로」がほとんど同じ役割をする場合も多いです。

53

다나카 : 유미 씨, 어디 살아요?

이유미 : 신촌에서 하숙하고 있어요.

다나카 : 집에서 학교까지 어떻게 와요?

이유미 : 자전거를 타고 다녀요.

다나카 : 자전거로 얼마나 걸려요?

이유미 : 십오 분 정도 걸립니다.

54

日常慣用表現

잘 먹겠습니다.	いただきます。
잘 먹었습니다.	ごちそうさまでした。

本文単語

어디	どこ	학교	学校	얼마나	どれくらい
살다	住む	어떻게	どの様に	걸리다	かかる
신촌	新村	오다	来る	십	十
하숙하다	下宿する	자전거	自転車	오	五
있다	ある	타다	乗る	분	分
집	家	다니다	通う	정도	程度

◆ 文法と単語を参考にして、本文を日本語に訳してみましょう。

유미 씨, 어디 살아요?

신촌에서 하숙하고 있어요.

집에서 학교까지 어떻게 와요?

자전거를 타고 다녀요.

자전거로 얼마나 걸려요?

십오 분 정도 걸립니다.

発音の確認

- 살아요　[사라요]
- 신촌에서　[신초네서]
- 하숙하고 있어요　[하수카고 이써요]
- 집에서　[지베서]
- 학교까지　[학꾜까지]
- 어떻게　[어떠케]
- 십오 분　[시보분]
- 걸립니다　[걸림니다]

文法確認

1 疑問詞の意味を書いてみましょう。

1. 누구 / 누가		5. 어디	
2. 무엇 (뭐)/ 무슨		6. 언제	
3. 어떻게 / 어떤		7. 왜	
4. 얼마		8. 얼마나	

2 「에서 / 부터 ~ 까지」を使って二つの単語を結び付けてみましょう。(数字は韓国語で書いてください)

1. 집 / 학교	(家から学校まで)
2. 2 시 / 4 시	(二時から四時まで)
3. 교실 / 운동장	(教室から運動場まで)
4. 봄 / 가을	(春から秋まで)

3 「(으) 로」を入れて文章を完成してみましょう。

1. 무엇(　　　) 먹습니까 ?
何で食べますか。

2. 자동차(　　　) 가요 .
車で行きましょう。

3. 호텔(　　　) 오세요 .
ホテルへ来てください。

4. 방(　　　) 가세요 .
部屋へ行ってください。

4 表から適切なものを選んで(　)の中に入れるか、正しい形に直して文章を完成してみましょう。

(으) 로	은 / 는	을 / 를	에
에서 / 부터	의	이 / 그 / 저 / 어느	까지

1. (この:　　) 서점(は:　　) 열 시(から:　　　) 다섯 시(まで:　　　) 합니다 .
2. 자전거(を:　　) 타고 (あの:　　) 호텔(へ:　　) 가고 있습니다 .
3. 학교(から:　　) 집(まで:　　　) 자전거(で:　　) 이십 분 정도 걸립니다 .

◆ 次の単語を読んでみましょう。

◆ 発音しながら書いてみましょう。

교통	교통	교통			交通
도로	도로	도로			道路
오토바이	오토바이	오토바이			バイク
자동차	자동차	자동차			自動車
주차장	주차장	주차장			駐車場
지하철	지하철	지하철			地下鉄

総合練習

57

1 次の文を聞いて答えとして最もふさわしいものを選んでみましょう。

1. ________________

① 처음 뵙겠습니다 .　② 어서 오세요 .
③ 안녕히 가세요 .　④ 고맙습니다 .

2. ________________

① 자전거를 타요 .　② 학교까지 와요 .
③ 십오 분 정도 걸립니다 .　④ 하숙을 해요 .

58

2 次の文を聞いてその意味を日本語で書いてみましょう。

1. ________________
2. ________________
3. ________________

3 次の文章の答えとして最もふさわしいものを選んでみましょう。

1. 학교까지 어떻게 와요 ?

① 자전거를 타고 다녀요 .　② 십오 분 정도 걸려요 .
③ 신촌에서 옵니다 .　④ 토요일에 와요 .

2. 자전거로 얼마나 걸려요 ?

① 얼마나 걸립니다 .　② 자전거로 와요 .
③ 멀지 않아요 .　④ 친구와 같이 갑니다 .

4 括弧の中を参考に次の文章を韓国語で書き直してみましょう。

1. 学校から 15 分程度かかります。(학교 , 분 , 정도 , 걸리다) :

____

2. 新村で下宿しています。(신촌 , 하숙 , 하다) :

____

3. いつ自転車で市場に行きましょうか。(언제 , 자전거 , 시장 , 가다) :

____

4. 春から秋まで一緒に勉強しますか。(봄 , 가을 , 같이 , 공부하다) :

____

単語まとめ

次の単語の意味を調べ、オリジナルの単語帳をつくってみましょう。

59

□	걸리다		□	어떤	
□	교통		□	어떻게	
□	기차		□	언제	
□	누구 (누가)		□	얼마나	
□	다니다		□	오토바이	
□	도로		□	일하다	
□	목욕탕		□	자동차	
□	무슨		□	자전거	
□	물		□	정도	
□	방		□	주차장	
□	버스		□	지하철	
□	비행기		□	집	
□	숟가락		□	택시	
□	신촌		□	하숙	
□	십		□	한강	
□	아침		□	호텔	
□	약국		□		

◆ **住宅の種類：**

・아파트 (日本のマンション)・단독주택 (一戸建て)・다세대주택 (多世帯住宅)

・その他

◆ **住まいの分類**

・자기집 (自家)：マイホーム　・전세 (傳貰)：保証金が家賃代わりで退去時に戻る

・월세 (月貰)：賃貸　・その他

◆ **住宅の暖房：**「온돌 (オンドル：床暖)」式が多い

7-9 課　総合復習

1 次の基本形に語尾を付けた形を書いてみましょう。

基本形	고	(으)ㄹ까요？	고 싶다	고 있다
앉다（座る）				
서다（立つ）				

2 基本形を書き直して「(으)세요」の形を作ってみましょう。

基本形	尊敬形	尊敬語＋아요 / 어요 / 여요
있다（いる）		
마시다（飲む）		
먹다（食べる）		
자다（寝る）		

3 次の数字を韓国語で書いてみましょう。

1. 3004			
2. 23,008,170			
3. 三階	(　　　　) 층		
4. 二〇一九年六月十七日	(　　　　) 년 (　　　) 월 (　　　) 일		
5. 062-964-6518	「6」の発音 [　　] [　　] [　　]		
6. 午後三時十六分	오후 (　　　) 시 (　　　　　) 분		
7. 二枚		8. 四歳	
9. 二十		10. 十四	

4 疑問詞の意味を書いてみましょう。

누구 / 누가		어디	
무엇 (뭐)/ 무슨		언제	
어떻게 / 어떤		왜	
얼마		얼마나	

5 次の表から適切なものを選んで(　　　)の中に入れるか、正しい形に直して文章を完成してみましょう。

이 / 가	은 / 는	을 / 를
에	에서	에서 / 부터
까지	(으) 로	의
아요 / 어요 / 여요	(으) ㄹ까요 ?	(으) 세요

1. 오전 아홉 시(から：　　) 도서관(で：　　)(勉強します(공부하다)：　　　).
2. 전철(に：　　) 타고 (来てください(오다)：　　　).
3. 여기(に：　　) 연필(で：　　)(書きますか(쓰다)：　　　)?
4. 저것(が：　　)(私の：　　) 가방이에요 ?
5. 저녁(は：　　) 불고기(を：　　)(食べましょうか(먹다)：　　　)?
6. 백화점(で：　　) 바지(を：　　)(買います(사다)：　　　).
7. 봄(から：　　) 가을(まで：　　)(いらっしゃいます(있다)：　　　).
8. 학교(が：　　) 아주 (大きいです(크다)：　　　).
9. 집(から：　　) 시장(まで：　　) 무엇(で：　　)
(行きますか(가다)：　　　)?
10. (私の：　　) 침대(で：　　)(お休みなさい(자다)：　　　).

어제 뭐 했어요？

学習文法

- 過去形
- 否定文
- 体言＋도

1 語幹＋았 / 었 / 였＋語尾　過去形

語幹と語尾「다」の間に入れて出来事や状態が過去であることを表す語尾です。
「았 / 었 / 였」を選ぶ基準は、6 課で学んだ「아요 / 어요 / 여요」と同じです。

「ㅏ」「ㅗ」の場合	았
「ㅏ」「ㅗ」「하」以外の母音の場合	었
「으」語幹	「으」を落として 았 / 었
「하」の場合	였

基本形	過去形	아요 / 어요 / 여요の形
놀라다 (驚く)	놀라＋았＋다 → 놀랐다	놀랐어요
바꾸다 (変える)	바꾸＋었＋다 → 바꿨다	바꿨어요
고치다 (直す)	고치＋었＋다 → 고쳤다	고쳤어요
잘하다 (上手い)	잘하＋였＋다 → 잘했다	잘했어요

⇒ 最後の語幹が「으」である場合は、「으」をなくしてその前の母音を見て決めます。母音が「으」のみの場合は「었」を使います。

⇒ 過去形の後ろに語尾「아요 / 어요 / 여요」を付ける場合は「어요」しか使うことができません。

쓰다 (使う)	쓰＋었＋다 → 썼다	썼어요
아프다 (痛い)	아프＋았＋다 → 아팠다	아팠어요
기쁘다 (嬉しい)	기쁘＋었＋다 → 기뻤다	기뻤어요

昨日何をしましたか。

2 안 語幹 / 語幹＋지 않다　否定文

ある物事を否定するときに用いられる表現です。否定したい動詞や形容詞の前に「안」を付けるか、語幹に「지 않다」を付けると否定表現となります。

안 ＋ 語幹 ＋ 語尾
語幹 ＋ 지 않다（「다」の代わりに語尾）

基本形	안	지 않다	아요 / 어요 / 여요
먹다（食べる）	안 먹다	먹지 않다	안 먹어요 / 먹지 않아요
쓰다（書く）	안 쓰다	쓰지 않다	안 써요 / 쓰지 않아요
보다（見る）	안 보다	보지 않다	안 봐요 / 보지 않아요
작다（小さい）	안 작아요	작지 않다	안 작아요 / 작지 않아요
차다（冷たい）	안 차다	차지 않다	안 차요 / 차지 않아요

3 体言＋도　体言＋も

後ろの叙述語にかかわる物事が二つ以上であることや、同じ程度の物事を追加する意味合いで用いられる助詞です。体言のパッチムあり、なしにかかわらず、そのまま使えます。

이 학생도 운동을 잘해요 .
（この学生も運動がうまいです）

돈도 시간도 없어요 .
（お金も時間もありません）

60

本 文

이유미 : 다나카 씨 , 어제 뭐 했어요 ?

다나카 : 어머니 , 아버지와 시장을 구경했어요 .

이유미 : 시장에서 뭘 샀어요 ?

다나카 : 오천 원 주고 이 모자를 샀어요 .

이유미 : 비싸지 않고 아주 예뻐요 .

다나카 : 부모님 가방도 하나 샀어요 .

61

日常慣用表現

다녀 오겠습니다 .	行ってきます。
다녀 왔습니다 .	ただいま。

本文単語

씨	さん、氏	구경하다	見物する	모자	帽子
어제	昨日	사다	買う	아주	とても
뭐	何	오	五	예쁘다	可愛い
하다	する	천	千	부모님	ご両親
어머니	お母さん	원	ウォン	가방	鞄
아버지	お父さん	주다	あげる	하나	一つ
시장	市場	이	二		

◆ 文法と単語を参考にして、本文を日本語に訳してみましょう。

다나카 씨, 어제 뭐 했어요?

어머니, 아버지와 시장을 구경했어요.

시장에서 뭘 샀어요?

오천 원 주고 이 모자를 샀어요.

비싸지 않고 아주 예뻐요.

부모님 가방도 하나 샀어요.

発音の確認

- 뭐 했어요? [뭐 해써요]
- 구경했어요 [구경해써요]
- 샀어요 [사써요]
- 오천 원 [오처눤]
- 비싸지 않고 [비싸지 안코]

文法確認

1 過去形を作ってみましょう。

基本形	過去形	아요 / 어요 / 여요
1. 나오다 (出る)		
2. 자다 (寝る)		
3. 잘하다 (上手い)		
4. 배우다 (学ぶ)		
5. 예쁘다 (綺麗だ)		

2 否定文の形を完成してみましょう。

基本形	안 否定文	지 않다	아요 / 어요 / 여요
1. 크다 (大きい)			
2. 나가다 (出る)			
3. 적다 (少ない)			
4. 하다 (する)			

3 表から適切なものを選んで(　)の中に入れるか、正しい形に直して文章を完成してみましょう。

이 / 가	은 / 는	을 / 를	에	도
에서 / 부터	의	이 / 그 / 저 / 어느	에게 / 한테	(으) 로

1. 대학교(で：　　) 동생 볼펜(も：　　) 하나 샀어요 .
2. (その：　　　) 방송국(から：　　　) 전철(で：　　) 30 분 걸렸어요 .
3. 휴대폰(で：　　) 친구(に：　　) 전화(を：　　) 하세요 .

◆ 次の単語を読んでみましょう。

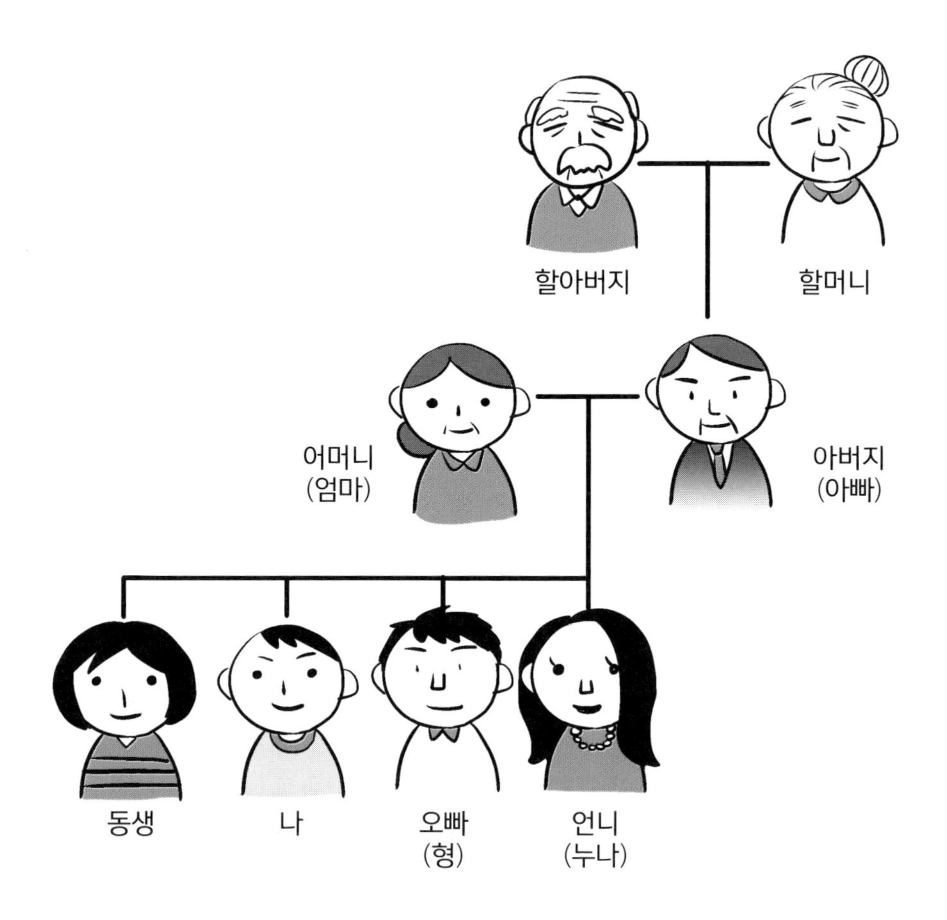

◆ 発音しながら書いてみましょう。

가족	가족	가족					家族
부모	부모	부모					父母
남편	남편	남편					夫
아내	아내	아내					妻
엄마	엄마	엄마					母
아빠	아빠	아빠					父
아들	아들	아들					息子
딸	딸	딸					娘

総合練習

♪64 **1 次の文を聞いて答えとして最もふさわしいものを選んでみましょう。**

1. ________________

① 천만에요 .　② 어서 오세요 .

③ 안녕히 주무세요 .　④ 고맙습니다 .

2. ________________

① 모자를 샀어요 .　② 시장에서 했어요 .

③ 아주 예뻐요 .　④ 어제 구경해요 .

♪65 **2 次の文を聞き、その意味を日本語で書いてみましょう。**

1. ________________
2. ________________
3. ________________

3 次の文章の答えとして最もふさわしいものを選んでみましょう。

1. 시장에서 뭘 샀어요 ?

① 친구가 샀어요 .　② 가방을 샀어요 .

③ 누나도 샀어요 .　④ 어머니하고 샀어요 .

2. 누구하고 신촌을 구경했어요 ?

① 저는 신촌을 구경했어요 .　② 어제 구경했어요 .

③ 아버지와 갔어요 .　④ 삼십 분 정도 갔어요 .

4 括弧の中を参考に次の文章を韓国語で書き直してみましょう。

1. 高くなく、とてもかわいいです。(비싸다 , 아주 , 예쁘다) :

____

2. 親の鞄も一つ買いました。(부모님 , 가방 , 사다) :

____

3. 書店に私の本もありましたか。(서점 , 저 , 책 , 있다) :

____

4. あの家で、いつまで住みましたか。(이 / 그 / 저 , 집 , 언제 , 살다) :

____

単語まとめ

次の単語の意味を調べ、オリジナルの単語帳をつくってみましょう。

♪ 66

□	가족		□	아주	
□	기쁘다		□	아프다	
□	나가다		□	어머니	
□	남편		□	어제	
□	놀라다		□	언니	
□	대학교		□	엄마	
□	동생		□	없다	
□	딸		□	예쁘다	
□	바꾸다		□	운동	
□	방송국		□	작다	
□	볼펜		□	잘하다	
□	부모님		□	적다	
□	비싸다		□	전철	
□	시간		□	차다	
□	아내		□	하나	
□	아들		□	할머니	
□	아버지		□	할아버지	
□	아빠		□		

ソウルの若者の街

◆ **大学路：**ソウルの文化特区の一つで、特に文化芸術活動の町として知られている
◆ **江南：**漢江の南方にあるソウルの主要な繁華街の一つで、高所得者の街としても有名
◆ **新村：**新村ロータリー周辺の大学が密接している地域
◆ **弘大入口：**弘益大学・弘大入口駅一帯に位置し、今一番のホットスポット
◆ **東大門ファッションタウン：**ファッションについての流行アイテムが得られる観光特区

함께 할 수 있을까요？

学習文法

- 語幹＋(으)ㄹ 수 있다
- 人称代名詞
- 曜日
- 月／日の読み(暦)

1 語幹＋(으)ㄹ 수 있다　語幹＋することができる

可能を表す表現です。語幹が母音かパッチム「ㄹ」で終わる場合は「ㄹ 수 있다」が、「ㄹ」以外のパッチムで終わる場合は「을 수 있다」が用いられます。但し、語幹が「ㄹ」で終わる場合は語幹の「ㄹ」をなくします。

⇒ 不可能を表す場合は「(으)ㄹ 수 없다」を使います。

パッチムがない場合	ㄹ 수 있다 / 없다
「ㄹ」パッチムで終わる場合	
「ㄹ」以外のパッチムで終わる場合	을 수 있다 / 없다

⇒ 日本語では助詞「が」を付けますが、韓国語の助詞は「을 / 를」が用いられます。

한국책을 읽을 수 있습니다.
(韓国本が読めます)

영어를 할 수 없어요.
(英語ができません)

2 人称代名詞

代名詞＼助詞	이 / 가　が	은 / 는　は	을 / 를　を	의　の
저　私、僕	제가	저는	저를	저의 / 제
나　私、俺	내가	나는	나를	나의 / 내
너　君、お前	네가	너는	너를	너의 / 네
우리　私達	우리가	우리는	우리를	우리의
누구　誰	누가	누구는	누구를	누구의

저는 제 물건을 샀어요.
(僕は僕のものを買いました)

누가 어린이를 만나요？
(誰が子供に会いますか)

3 曜日

월요일	月曜日	금요일	金曜日
화요일	火曜日	토요일	土曜日
수요일	水曜日	일요일	日曜日
목요일	木曜日	주말	週末

토요일과 일요일은 주말입니다.
(土曜日と日曜日は週末です)

일요일 다음은 월요일입니다.
(日曜日の次は月曜日です)

4 月／日の読み（暦）

日と月の読みは普通に漢数字に日や月を付ければ良いですが、「六月」と「十月」は「유월」「시월」と、特別なので気を付けましょう。

一月	일월	二月	이월	三月	삼월	四月	사월
五月	오월	六月	유월	七月	칠월	八月	팔월
九月	구월	十月	시월	十一月	십일월	十二月	십이월
一日	일일	二日	이일	三日	삼일	四日	사일
五日	오일	六日	육일	七日	칠일	八日	팔일
九日	구일	十日	십일	十五日	십오일 / 보름	三十日	삼십일

시월 이십사 일 월요일
(十月二十四日月曜日)

유월 십칠 일 화요일
(六月十七日火曜日)

몇 월 며칠이에요?
(何月何日ですか)

삼월 보름은 일요일에요.
(三月十五日は日曜日です)

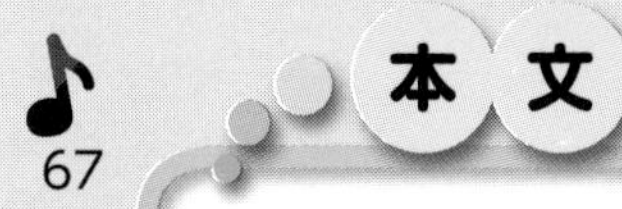

67

本文

이유미 : 다나카 씨, 이번 주말에 뭐 해요?

다나카 : 친구들하고 한국어를 공부해요.

이유미 : 저도 함께 할 수 있을까요?

다나카 : 토요일에 시간이 있습니까?

이유미 : 유월의 토요일은 다 괜찮아요.

다나카 : 그럼, 두 시까지 우리집으로 오세요.

68

日常慣用表現

안녕하십니까?	こんにちは。
오래간만입니다.	お久しぶりです。

本文単語

♪69

이번	今度	저	私	괜찮다	大丈夫だ
주말	週末	함께	共に	그럼	では
하다	する	토요일	土曜日	둘(두)	二つ
친구	友人	시간	時間	시	時
들	～達、～ら	있다	ある	우리집	我が家
한국어	韓国語	유월	六月	오다	来る
공부하다	勉強する	다	全部		

◆ 文法と単語を参考にして、本文を日本語に訳してみましょう。

다나카 씨, 이번 주말에 뭐 해요?

친구들하고 한국어를 공부해요.

저도 함께 할 수 있을까요?

토요일에 시간이 있습니까?

유월의 토요일은 다 괜찮아요.

그럼, 두 시까지 우리집으로 오세요.

発音の確認

♪70

· 주말에 [주마레]
· 친구들하고 [친(칭)구드라고]
· 한국어를 [한(항)구거를]
· 있을까요 [이쓸까요]
· 있습니까 [읻씀니까]
· 토요일은 괜찮아요 [토요이른 괜차나요]
· 우리집으로 [우리지브로]

文法確認

1 「(으)ㄹ　수　있다」を付けた形を完成してみましょう。

	語幹＋(으)ㄹ 수 있다
1. 다니다 (通う)	
2. 있다 (居る)	
3. 살다 (住む)	

2 人称代名詞を韓国語で書いてみましょう。

1. 私の		5. 誰は	
2. 俺は		6. 君の	
3. 君を		7. 私達を	
4. 私達		8. 誰が	

3 時間関係の表現の意味を書いてみましょう。

1. 시월 이십사 일 월요일	
2. 유월 십칠 일 화요일	
3. 팔월 보름 일요일	

4 表から適切なものを選んで(　)の中に入れるか、正しい形に直して文章を完成してみましょう。

이 / 가	은 / 는	을 / 를	에	도
에서 / 부터	의	이 / 그 / 저 / 어느	까지	(으)로

1. 학교(から：　　　) 시장(まで：　　　) 무엇(で：　　) 갑니까 ?
2. 그　배우(が：　　) 친구(に：　　)(この：　　) 선물(を：　　) 보냈어요 .
3. 일요일(にも：　　　) 오전(に：　　) 공원(で：　　　) 운동(を：　　) 할까요 ?

◆ 次の単語を読んでみましょう。

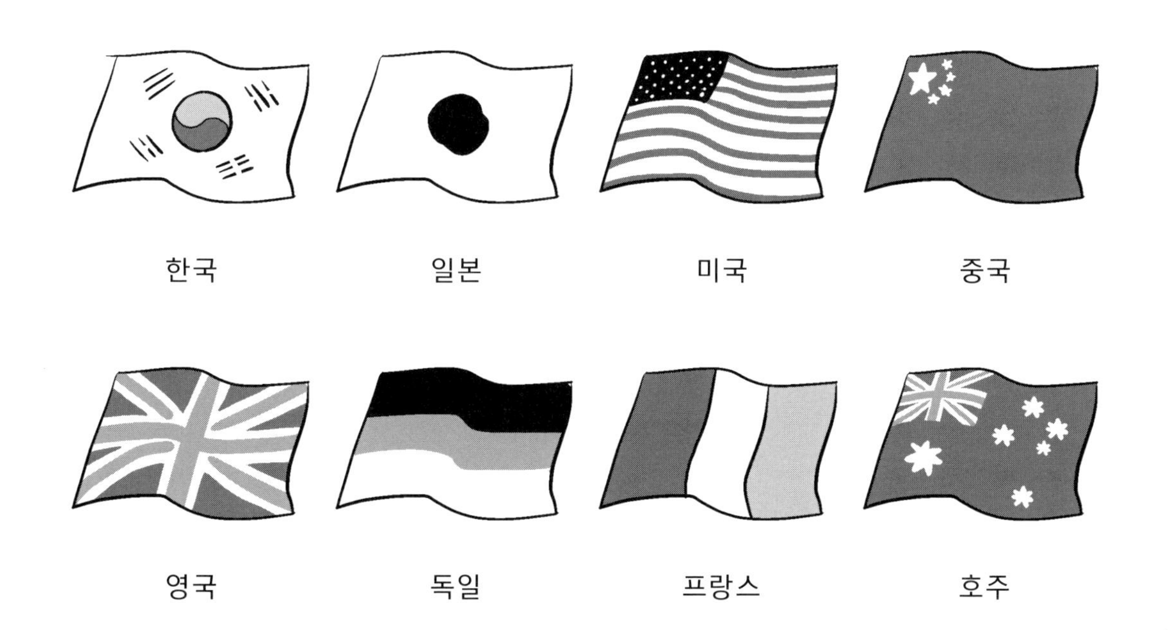

◆ 発音しながら書いてみましょう。

서울	서울	서울			ソウル
한국어	한국어	한국어			韓国語
일본어	일본어	일본어			日本語
영어	영어	영어			英語
한국사람	한국사람	한국사람			韓国人
일본사람	일본사람	일본사람			日本人
미국사람	미국사람	미국사람			米国人

総合練習

71

1 次の文を聞いて答えとして最も ふさわしいものを選んでみましょう。

1. ＿＿＿＿＿＿＿＿＿＿＿＿

① 축하합니다 .　② 또 만나요 .
③ 오래간만입니다 .　④ 실례합니다 .

2. ＿＿＿＿＿＿＿＿＿＿＿＿

① 주말에 했어요 .　② 한국어를 공부해요 .
③ 시장에서 모자를 샀어요 .　④ 우리집으로 오세요 .

72

2 次の文を聞いてその意味を日本語で書いてみましょう。

1. ＿＿＿＿＿＿＿＿＿＿＿＿
2. ＿＿＿＿＿＿＿＿＿＿＿＿
3. ＿＿＿＿＿＿＿＿＿＿＿＿

3 次の文章の答えとして最もふさわしいものを選んでみましょう。

1. 오래간만입니다 .

① 실례합니다 .　② 축하합니다 .
③ 다녀 왔습니다 .　④ 만나서 반가워요 .

2. 토요일에 시간 있습니까 ?

① 오후는 괜찮아요 .　② 저도 할 수 있어요 .
③ 토요일에 합니다 .　④ 다음주 시간이에요 .

4 括弧の中を参考に次の文章を韓国語で書き直してみましょう。

1. 友人らと韓国語を勉強します。(친구들 , 한국어 , 공부하다) :

＿＿＿＿＿＿＿＿＿＿＿＿

2. 二時までにうちに来てください。(시 , 우리집 , 오다) :

＿＿＿＿＿＿＿＿＿＿＿＿

3. 私達は六月に飛行機で行きました。(우리 , 육 , 월 , 비행기 , 가다) :

＿＿＿＿＿＿＿＿＿＿＿＿

4. 私の親は日本語が話せます。(저 , 부모님 , 일본어 , 말하다) :

＿＿＿＿＿＿＿＿＿＿＿＿

単語まとめ

次の単語の意味を調べ、オリジナルの単語帳をつくってみましょう。

73

□	금요일		□	어린이	
□	너		□	영국	
□	다		□	영어	
□	다음		□	오전	
□	독일		□	요일	
□	둘 (두)		□	우리	
□	들		□	유월	
□	말하다		□	이번	
□	며칠		□	일본	
□	몇		□	일본어	
□	목요일		□	일요일	
□	물건		□	주말	
□	미국		□	중국	
□	보름		□	프랑스	
□	사람		□	한국	
□	서울		□	한국어	
□	수요일		□	호주	
□	시간		□	화요일	
□	시월		□		

韓国の大学事情

◆ **大学の種類：**

・대학교 (大学)：4 年制総合大学
・전문대학 (専門大学)：2 ～ 3 年制の大学
・교육대학：教育大学
・산업대학：産業大学
・사이버대학 (サイバー大学)：
情報通信技術、マルチメディア技術及び関連ソフトウェアなどを利用して作り上げた仮想の空間 (Cyber-Space) で授業が行われる学校

⇒ 韓国の大学生は約 338 万人 (2018) で日本は約 301 万人 (2018)

◆ **韓国の大学生の多重苦**

・스펙 쌓기 (スペック作り)：成績管理、英語の能力向上、資格取得　等々
・生活費稼ぎ
・交友関係の維持
・その他

올해 스무 살이 됩니다.

学習文法

- 体言+(이)지요
- 体言+이 / 가 되다
- 体言+을 / 를 좋아해요
- 語幹+(으)ㄹ 거예요

1 体言+(이)지요　体言+です(ね)

ある事実に対して話し手が知っていることを相手に確認する時や、話し手と聞き手がともに知っていることを表す語尾です。平常文では確認や紹介する感じで言う場合に用いられます。

パッチムで終わる場合	이지요
パッチムがない場合	지요

저기가 친구집**이지요**?
(あそこが友人の家ですね)

이것이 제 노트**지요**.
(これが僕のノートです)

⇒ 動詞や形容詞の場合は「지요」が用いられます。

크지요. (大きいですね)　가지요. (行きますね)
멀지요? (遠いでしょう)　먹지요? (食べましょうね)

2 体言+이 / 가 되다　体言+になる

ある状態から別の状態になることを表す表現です。語尾「아요 / 어요 / 여요」を付ける場合は「돼요」の形になります。

⇒「되다」の前に使う助詞は日本語の「に」に当たる助詞「에」ではなく「이 / 가」が用いられます。

パッチムで終わる場合	이 되다
パッチムがない場合	가 되다

내년에 교사**가 됩니다**.
(来年教師になります)

올해 대학생**이 돼요**.
(今年大学生になります)

今年二十歳になります。

3 体言＋을 / 를 좋아해요　体言＋が好きです（か）

好むことや愛を感じる時に使う表現です。体言がパッチムで終わる場合は「을 좋아해요」、パッチムがない場合は「를 좋아해요」が用いられます。
⇒ 反対の意味の場合は「을 / 를 싫어해요」が用いられます。

パッチムで終わる場合	을 좋아해요
パッチムがない場合	를 좋아해요

과일을 좋아해요？
（果物が好きですか）

네，과일을 좋아해요．
（はい、果物が好きです）

고양이를 싫어해요？
（猫が嫌いですか）

네，고양이를 싫어해요．
（はい、猫が嫌いです）

4 語幹＋(으)ㄹ 거예요　語幹＋するつもりです（か）でしょうか（か）

語幹に付いて予定や意思、推測等を表す語尾です。語幹が母音かパッチム「ㄹ」で終わる場合は「ㄹ 거예요」が、「ㄹ」以外のパッチムで終わる場合は「을 거예요」が用いられます。但し、語幹が「ㄹ」で終わる場合は語幹の「ㄹ」をなくします。

パッチムがない場合	ㄹ 거예요
「ㄹ」パッチムで終わる場合	
「ㄹ」以外のパッチムで終わる場合	을 거예요

予定

내일 약속 지킬 거예요？
（明日の約束守るつもりですか）

네，약속 지킬 거예요．
（はい、守るつもりです）

推測

계란요리 만들 수 있어요？
（卵料理作れますか）

만들 수 있을 거예요．
（作れるでしょう）

本文

다나카 : 유미 씨 , 이번 일요일이 생일이지요 ?

이유미 : 네 , 올해 스무살이 됩니다 .

다나카 : 무슨 요리를 좋아해요 ?

이유미 : 불고기가 먹고 싶어요 .

다나카 : 그럼 , 일요일에 불고기를 먹을 거예요 ?

이유미 : 네 . 같이 한식집에 가요 .

日常慣用表現

많이 드세요 .	たくさん召し上がってください。
수고하셨습니다 .	お疲れさまでした。

本文単語

♪ 76

씨	さん、氏	스무	二十	먹다	食べる
이번	今度	살	歳	그럼	では
일요일	日曜日	무슨	どんな	같이	一緒に
생일	誕生日	요리	料理	한식집	韓食屋
네	はい	좋아하다	好きだ	가다	行く
올해	今年	불고기	プルコギ		

◆ 文法と単語を参考にして、本文を日本語に訳してみましょう。

유미 씨, 이번 일요일이 생일이지요?

네, 올해 스무살이 됩니다.

무슨 요리를 좋아해요?

불고기가 먹고 싶어요.

그럼, 일요일에 불고기를 먹을 거예요?

네. 같이 한식집에 가요.

発音の確認

♪ 77

- 일요일이 생일이지요　[이료이리 생이리지요]
- 올해 스무살이 됩니다　[오래 스무사리 됩니다]
- 좋아해요　[조아해요]
- 먹고 싶어요　[먹꼬 시퍼요]
- 일요일에　[이료이레]
- 먹을 거예요　[머글 꺼예요]
- 같이 한식집에　[가치 한식찌베]

文法確認

1 「(이)지요」を付けた形を完成してみましょう。

	(이)지요
1. 건강 (健康)	
2. 남자 (男子)	
3. 주말 (週末)	

2 「이 / 가 되다」を付けた形を完成してみましょう。

	이 / 가 되다
1. 가족 (家族)	
2. 쓰레기 (ゴミ)	
3. 병 (病気)	

3 「을 / 를 좋아해요」を付けた形を完成してみましょう。

	을 / 를 좋아해요	을 / 를 싫어해요
1. 하늘 (空)		
2. 여행 (旅行)		
3. 종이 (紙)		

4 「(으) ㄹ 거예요」を付けた形を完成してみましょう。

	(으)ㄹ 거예요
1. 세우다 (立てる)	
2. 배고프다 (空腹だ)	
3. 길다 (長い)	

◆ 次の単語を読んでみましょう。

◆ 発音しながら書いてみましょう。

김치찌개	김치찌개	김치찌개			キムチ鍋
닭갈비	닭갈비	닭갈비			タッカルビ
된장찌개	된장찌개	된장찌개			テンジャンチゲ
떡국	떡국	떡국			トックク
라면	라면	라면			ラーメン
비빔밥	비빔밥	비빔밥			ビビンバ
파전	파전	파전			パジョン
잡채	잡채	잡채			チャプチェ
삼계탕	삼계탕	삼계탕			サムゲタン

総合練習

78

1 次の文を聞いて答えとして最もふさわしいものを選んでみましょう。

1. ______________________

① 감사합니다 .　② 미안합니다 .
③ 잘 먹겠습니다 .　④ 잘 먹었습니다 .

2. ______________________

① 한식집에 갑니다 .　② 일요일이 한국입니다 .
③ 불고기가 먹고 싶어요 .　④ 일본요리를 해요 .

79

2 次の文を聞いてその意味を日本語で書いてみましょう。

1. ______________________
2. ______________________
3. ______________________

3 次の文章の答えとして最もふさわしいものを選んでみましょう。

1. 다녀왔습니다 .

① 다녀 오겠습니다 .　② 천만에요 .
③ 축하합니다 .　④ 수고하셨습니다 .

2. 일요일에 불고기 먹을 거예요 ?

① 같이 한식집에 가요 .　② 일요일에 가고 싶어요 .
③ 불고기를 좋아해요 .　④ 불고기는 생일이지요 .

4 括弧の中を参考に次の文章を韓国語で書き直してみましょう。

1. どんな料理が好きですか。(무슨 , 요리 , 좋아하다) :

____

2. 今度の日曜日が誕生日ですね。(이번 , 일요일 , 생일) :

____

3. 10 月には韓国に行かないつもりですか。(십 , 월 , 한국 , 가다) :

____

4. 13 歳から肉が嫌いでした。(열셋 , 살 , 고기 , 싫어하다) :

____

単語まとめ

次の単語の意味を調べ、オリジナルの単語帳をつくってみましょう。

♪80

□	건강		□	비빔밥	
□	계란		□	삼계탕	
□	과일		□	세우다	
□	길다		□	셋 (세)	
□	김밥		□	순두부찌개	
□	김치		□	스물 (스무)	
□	김치찌개		□	싫어하다	
□	내년		□	쓰레기	
□	내일		□	열	
□	냉면		□	올해	
□	네		□	요리	
□	닭갈비		□	이것	
□	되다		□	잡채	
□	된장찌개		□	저기	
□	떡국		□	종이	
□	떡볶이		□	좋아하다	
□	만들다		□	지키다	
□	배고프다		□	파전	
□	병		□	하늘	
□	불고기		□	한식집	

便利且つ安い韓国の大衆交通

◆ **安価な運賃：**

・버스 (バス)：1000 (町バス) ～ 2400 (幹線バス) ウォンから

・택시 (タクシー)：3800 (一般タクシー) ～ 8000 (高級タクシー) ウォンから

・전철 (電車)：10 キロ以内は 1250 ウォン (交通カード、現金は 1350 ウォン)

◆ **バスの種類：**広域バス、幹線バス、支線バス、町バス等多様な種類がある

◆ **乗り換え制度：**30 分以内であれば、バスや電車を乗り換えることができる (100 ウォンからプラスされる)

7-12課　総合復習

1 基本形を指示に従って書き直してみましょう。

基本形	過去形	아요 / 어요 / 여요の形	否定形
놀라다			
나오다			
고치다			
잘하다			
쓰다			

2 助詞を付けた形を書いてみましょう。

助詞 / 代名詞	이 / 가　が	은 / 는　は	을 / 를　を	의　の
저　私、僕				/
나　私、俺				/
너　君、お前				/
우리　私達				
누구　誰				

3 意味を日本語で書いてみましょう。

1. 유월 십이 일 화요일	
2. 시월 이십사 일 월요일	
3. 사월 보름 일요일	
4. 십일월 삼 일 금요일	

4 表から適切なものを選んで入れるか、正しい形にして文章を完成してみましょう。

이 / 가	은 / 는	을 / 를
에	에서	부터
까지	(으) 로	의
도	과 / 와	고
에게 / 한테	고 있다	이 / 가 되다
(으) ㄹ 거예요	ㅂ니다 / 습니다	이 / 그 / 저 / 어느
아요 / 어요 / 여요	(으) ㄹ까요 ?	(으) 세요 (尊敬語)
過去形	否定形	을 / 를 좋아하다

1. 저 (も：　) 친구 (と：　) 도서관 (へ：　) (行くつもりです (가다) :　).
2. 백화점 (が：　) 아주 (大きくて広いです (크다 / 넓다) :　).
3. 시장 (で：　) 모자 (を：　) (買いましょうか (사다) :　)?
4. (誰が：　) (持って (가지다) :　) (来ましたか (오다) :　)?
5. 아침 (は：　) 식당 (で：　) 라면 (を：　) (食べました (먹다) :　).
6. (私の：　) 방 (で：　) (お休みなさい (자다) :　).
7. 월요일 (から：　) 금요일 (まで：　) (いらっしゃいました (있다) :　).
8. 저기 (に：　) (この：　) 볼펜 (で：　)
   (書きましょうか (쓰다) :　)?
9. 중국요리 (が：　) (好きではありません (좋아하다) :　).
10. 차 (に：　) (乗って (타다) :　)
    호텔 (で：　) (離れました (떠나다) :　).
11. 밥 (を：　) (召し上がっていらっしゃいます (먹고 있다) :　).

付録
文法まとめ

発音規則

1. 有声音化

有声音化とは有声音ではない発音（主に［ㄱ、ㄷ、ㅂ、ㅈ］）が、有声音（すべての母音と子音［ㄴ/ㄹ/ㅁ/ㅇ］）と有声音の間に挟まれたときに（半）有声音になる現象です。

> 有声音+「ㄱ [k] / ㄷ [t] / ㅂ [p] / ㅈ [ts]」+有声音
> ⇒ 有声音+「ㄱ [g] / ㄷ [d] / ㅂ [b] / ㅈ [dz]」+有声音

가 [ka] +게 [ke] →가게 [kage]
나 [na] +비 [pi] →나비 [nabi]
지 [zi] +도 [to] →지도 [zido]
바 [pa] +지 [tsi] →바지 [padzi]

2.「ㅎ」弱音・無音化

「ㅎ」は語頭でははっきりと発音されますが、有声音の間では音が弱まるか、なくなります。

대회 [대회]
많이 [마니]
강화 [강화]
간호사 [가노사]

3. 母音+母音の仕組み

ハングルの母音は、「陽性母音」、「陰性母音」、「中性母音」に分けることができます。
「ㅏ」と「ㅗ」は陽性母音、「ㅓ」、「ㅜ」、「ㅡ」は陰性母音、「ㅣ」は中性母音です。
⇒ 母音と母音を組み合わせるときは、「陽性母音」は「陽性母音」と、「陰性母音」は「陰性母音」と合わせます。「中性母音」は「陽性母音・陰性母音」どちらとも組み合わせ出来ます。

4. パッチム(받침)と代表音

原則として、書くときは全ての子音をパッチムとして使えますが、パッチムの発音は次の7しかありません。その7つ発音を「代表音」といいます。

パッチム	代表音
ㄱ，ㅋ，ㄲ（ㄳ，ㄺ）	[ㄱ] [k]
ㄴ（ㄵ，ㄶ）	[ㄴ] [n]
ㄷ，ㅌ，ㅅ，ㅆ，ㅈ，ㅊ，ㅎ	[ㄷ] [t]
ㄹ（ㄼ，ㄽ，ㄾ，ㅀ）	[ㄹ] [l]、‘ㄼ’ は [ㅂ] もある
ㅁ（ㄻ）	[ㅁ] [m]
ㅂ，ㅍ（ㅄ，ㄿ）	[ㅂ] [p]
ㅇ	[ㅇ] [ŋ]

5. 連音化

「パッチム（받침）」の後に母音がある時は、パッチムを後ろの母音と組み合わせて発音します。但し、パッチム「ㅇ」は例外です。

음악＋이 ⇒ 음악이 [으마기]　　사진＋은 ⇒ 사진은 [사지는]
例外）한강＋이 ⇒ 한강이 [한강이]

⇒ 二重子音の連音化：二重子音には、「ㄲ」「ㅆ」のように形が同じものと、「ㄺ」「ㄵ」のように形が違うものがあります。連音するときは、形が同じものは一つの濃音として、違うものは別々に扱います。

있어요 [이써요]　　엮어서 [여꺼서]
읽어요 [일거요]　　앉아요 [안자요]

6. 濃音化

パッチム「ㄱ / ㄷ / ㅂ」の後に子音「ㄱ / ㄷ / ㅂ / ㅅ / ㅈ」が続く場合は後ろの子音が濃音（[ㄲ / ㄸ / ㅃ / ㅆ / ㅉ]）に変わります。

「ㄱ / ㄷ / ㅂ」＋「ㄱ / ㄷ / ㅂ / ㅅ / ㅈ」 → [ㄱ / ㄷ / ㅂ] ＋ [ㄲ / ㄸ / ㅃ / ㅆ / ㅉ]

먹고 [먹꼬]　　식당 [식땅]　　책상 [책쌍]

7. 激音化

子音「ㅎ」の前後に子音「ㄱ / ㄷ / ㅂ / ㅈ」が続くと二つが合わせられ激音に変わります。

「ㅎ」＋「ㄱ / ㄷ / ㅂ / ㅈ」或いは＋「ㄱ / ㄷ / ㅂ / ㅈ」＋「ㅎ」 → 後ろのところで [ㅋ / ㅌ / ㅍ / ㅊ]

축하 [추카]　　좋다 [조타]　　밥하고 [바파고]

8. 鼻音化

パッチム「ㄱ / ㄷ / ㅂ」の後ろに子音「ㄴ / ㄹ / ㅁ」が続くとパッチムの音は鼻音 [ㅇ / ㄴ / ㅁ] に変わります。

「ㄱ / ㄷ / ㅂ」＋「ㄴ / ㄹ / ㅁ」→ [ㅇ / ㄴ / ㅁ] ＋ [ㄴ / ㄹ / ㅁ]

합니다 [함니다]　　법문 [범문]
작년 [장년]　　몇 명→ [멷 명] → [면명]

助詞

1. **体言＋은 / 는　　　　　　体言＋は**

対照・話題の意味を表す助詞です。体言がパッチムで終わる場合は「은」、パッチムがない場合は「는」が用いられます。

2. **体言＋이 / 가　　　　　　体言＋～が**

이 / 가の前にある体言が文章の主語であることを示す助詞です。体言がパッチムで終わる場合は「이」、パッチムがない場合は「가」が用いられます。

3. **体言＋에　　　　　　体言＋に（位置）、体言＋へ（方向）**

前の単語が空間的・時間的な位置か方向を表す副詞語であることを示す助詞です。前の体言のパッチムあり、なしにかかわらず、そのまま使えます。

4. **体言＋을 / 를　　　　　　体言＋を**

前の体言が行為の目的になるようにする助詞です。体言がパッチムで終わる場合は「을」、パッチムがない場合は「를」が用いられます。

5. **体言＋하고 (과 / 와)　　　　　　体言＋と**

体言と体言を対等に結ぶ助詞です。体言のパッチムあり、なしにかかわらず、そのまま使えます。「과 / 와」も同じ役割をする助詞です。体言が、パッチムで終わる場合は「과」をパッチムがない場合は「와」が、用いられます。

6. **体言＋에서　　　　　　体言＋で**

叙述後の動作が行われる場所を表す助詞です。体言のパッチムあり、なしにかかわらず、そのまま使えます。

⇒ 叙述語が往来発着関連動詞の場合は出発点の「から」の役割をします。

7. **体言＋의　　　　　　体言＋の**

名詞と名詞を結び付け、より大きい名詞句を成り立たせる助詞です。所有の機能をするときは省略される場合が多く、発音は [에] になる傾向があります。

⇒ 代名詞「나 (俺)」、「저 (私、僕)」に「의」を付けたときは短縮形の方が用いられる場合が多いです。前の体言のパッチムあり、なしにかかわらず、そのまま使えます。

나의 → 내　　　　　　저의 → 제

8. 体言+에서 / 부터　体言+까지　　体言+から　体言+まで

出発点と到着点を表す助詞です。体言が場所と関係のある場合に用いられます。体言のパッチムあり、なしにかかわらず、そのまま使えます。(体言の最後の母音が「ㅣ」で終わる場合は「에」を省略する場合もあります)

⇒ 体言が「時間」や「時間との関係のある」単語の場合は「体言+부터」「体言+까지」が用いられます。

9. 体言+(으)로　　　　体言+で(道具、手段)、へ(方向)

道具・手段、方法、材料、資格・身分、方向等、幅広く用いられる助詞です。体言が母音かパッチム「ㄹ」で終わる場合は「로」が、「ㄹ」以外のパッチムで終わる場合は「으로」が用いられます。

※ 日本語の助詞「で」は韓国語の場合、道具・手段の「で」と場所の「で」として用いられます。「で」の前と後ろの関係を見極めて、前後の関係が道具・手段の場合は「(으)로」を、後ろの行動が行われる場所を示す場合は「에서」を使えばよいです。

차로 가요.(車で行きます):車は行くための手段

약국에서 일해요.(薬局で働きます):薬局は働いている場所

※ 日本語の助詞「へ」も位置を表す「에」と単純方向を表す場合が多い「(으)로」になる場合があります。

바다에 가요(海に行きます):海が位置する場所に行く

바다로 가요(海へ行きます):海がある方向を向けて行く

⇒「에」と「(으) 로」がほとんど同じ役割をする場合も多いです。

10. 体言+도　　　　体言+も

後ろの叙述語にかかわる物事が二つ以上であることや、同じ程度の物事を追加する意味合いで用いられる補助詞です。体言のパッチムあり、なしにかかわらず、そのまま使えます。

語尾表現

	모자	학생
体言+입니다	모자입니다	학생입니다
体言+입니까？	모자입니까？	학생입니까？
体言+이 / 가 아닙니다	모자가 아닙니다	학생이 아닙니다
体言+예요 / 이에요	모자예요	학생이에요
体言+(이)지요	모자지요	학생이지요
体言+이 / 가 되다	모자가 되다	학생이 되다
体言+을 / 를 좋아해요	모자를 좋아해요	학생을 좋아해요

用言活用

	가다	오다
語幹+ㅂ니다 / 습니다	갑니다	옵니다
語幹+아요 / 어요 / 여요	가요	와요
語幹+고 싶다	가고 싶다	오고 싶다
語幹+(으)ㄹ까요？	갈까요？	올까요？
語幹+(으)세요	가세요	오세요
語幹+(으)ㄹ 수 있다	갈 수 있다	올 수 있다
語幹+(으)ㄹ 거예요	갈 거예요	올 거예요
語幹+고	가고	오고
語幹+고 있다	가고 있다	오고 있다

	먹다	살다
語幹+ㅂ니다 / 습니다	먹습니다	삽니다
語幹+아요 / 어요 / 여요	먹어요	살아요
語幹+고 싶다	먹고 싶다	살고 싶다
語幹+(으)ㄹ까요？	먹을까요？	살까요？
語幹+(으)세요	드세요	사세요
語幹+(으)ㄹ 수 있다	먹을 수 있다	살 수 있다
語幹+(으)ㄹ 거예요	먹을 거예요	살 거예요
語幹+고	먹고	살고
語幹+고 있다	먹고 있다	살고 있다

尊敬表現

韓国語の尊敬語は基本的に「語幹」と「다」の間に「(으)시」を入れればできます。しかし、日本語の「召し上がる」「いらっしゃる」のように特別な尊敬語もあるので、その場合の「(으)세요」は特別な尊敬語の語幹が使われます。

基本形	尊敬形	尊敬語+아요 / 어요 / 여요
오다 (来る)	오시다	오세요 / 오세요?
앉다 (座る)	앉으시다	앉으세요 / 앉으세요?
있다 (いる)	계시다	계세요 / 계세요?
마시다 (飲む)	드시다	드세요 / 드세요?
먹다 (食べる)	드시다	드세요 / 드세요?
자다 (寝る)	주무시다	주무세요 / 주무세요?

過去形

語幹と語尾「다」の間に入れて出来事や状態が過去であることを表す語尾です。「았 / 었 / 였」を選ぶ基準は「아요 / 어요 / 어요」と同じです。

「ㅏ」「ㅗ」の場合	았
「ㅏ」「ㅗ」「하」以外の母音の場合	었
「으」語幹	「으」を落として 았 / 었
「하」の場合	였

基本形	過去形	아요 / 어요 / 여요の形
놀라다 (驚く)	놀라+았+다 → 놀랐다	놀랐어요
바꾸다 (変える)	바꾸+었+다 → 바꿨다	바꿨어요
고치다 (直す)	고치+었+다 → 고쳤다	고쳤어요
잘하다 (上手い)	잘하+였+다 → 잘했다	잘했어요

⇒ 最後の語幹が「으」である場合は、「으」をなくしてその前の母音を見て決めます。母音が「으」のみの場合は「었」を使います。

⇒ 過去形の後ろに語尾「아요 / 어요 / 어요」を付ける場合は「어요」しか使うことができません。

쓰다 (使う)	쓰+었+다 → 썼다	썼어요
아프다 (痛い)	아프+았+다 → 아팠다	아팠어요
기쁘다 (嬉しい)	기쁘+었+다 → 기뻤다	기뻤어요

否定文

ある物事を否定するときに用いられる表現です。否定したい動詞や形容詞の前に「안」を付けるか、語幹に「지 않다」を付けると否定表現となります。

基本形	안＋語幹	語幹＋지 않다	아요 / 어요 / 여요
먹다（食べる）	안 먹다	먹지 않다	안 먹어요 / 먹지 않아요
쓰다（書く）	안 쓰다	쓰지 않다	안 써요 / 쓰지 않아요
보다（見る）	안 보다	보지 않다	안 봐요 / 보지 않아요
작다（小さい）	안 작아요	작지 않다	안 작아요 / 작지 않아요
차다（冷たい）	안 차다	차지 않다	안 차요 / 차지 않아요

数字

1. 数字Ⅰ（漢数字）

영，공　〇	일　一	이　二	삼　三	사　四
오　五	육　六	칠　七	팔　八	구　九
십　十	백　百	천　千	만　万	억　億

主に順番を立てて言う時に用いられる数字で、年・月・日やお金等を表示するときに用いられます。

삼 층（三階）　　이천십팔년 오월 사 일（二〇一八年五月四日）　　십오만 원（十五万ウォン）

2. 数字Ⅱ（固有数字）

主に数量を数えるときに用いられる数字です。

하나　一つ 한＋개（個）	둘　二つ 두＋명（名）	셋　三つ 세＋장（枚）	넷　四つ 네＋살	다섯　五つ 다섯＋単位
여섯　六つ 여섯＋単位	일곱　七つ 일곱＋単位	여덟　八つ 여덟＋単位	아홉　九つ 아홉＋単位	열　十 열＋単位
열하나 열한 개	열둘 열두 명	열셋 열세 장	열넷 열네 살	열다섯
열여섯	열일곱	열여덟	열아홉	스물 스무＋単位

3. 時間を表す表現

時は固有語の数字で、分は漢数字で読みます。

한 시 一時	두 시 二時	세 시 三時	네 시 四時	다섯 시 五時	여섯 시 六時
일곱 시 七時	여덟 시 八時	아홉 시 九時	열 시 十時	열한 시 十一時	열두 시 十二時

4. 電話番号の読み方

電話番号は一つずつ読むのが普通です。「−」は「의」と書いて「에」と読みます。

⇒「0」は「영」よりは「공」が使われています。特に「6」は書くときはすべて「육」ですが、読み方は三つもあります。

語頭・単独：[육]　「0・3」の後ろ：[뉵]　「母音・ㄹ」の後ろ：[륙]

030−3676−6298

공삼공의 삼육칠육의 육이구팔

[공삼공 (에) 삼뉵칠륙 (에) 육이구팔]

疑問詞

確実ではない人物や物事を尋ねる時に用いられる代名詞です。

누구 / 누가	誰／誰が	어디	どこ
무엇 (뭐)/ 무슨	何／何の	언제	いつ
어떻게 / 어떤	どの様に／どんな	왜	何故、どうして
얼마	幾ら	얼마나	どれくらい

単語リスト

＊韓国語－日本語－課番号の順に示す

ㄱ		
가게	店	1
가구	家具	1
가다	行く	5
가르치다	教える	6
가방	鞄	3
가수	歌手	1
가슴	胸	8
가을	秋	7
가족	家族	10
간호사	看護師	4
감기	風邪	3
값	値段	3
강	川	3
같이	一緒に	6
개	犬、～個	1
거기	そこ	2
거리	通り	1
거울	鏡	4
건강	健康	12
건너다	渡る	7
건물	建物	5
걷다	歩く	5
걸다	かける	8
걸리다	かかる	9
것	もの、こと	6
겨울	冬	7
경찰	警察	4
계단	階段	4
계란	卵	12
고기	肉	1
고등학생	高校生	4
고양이	猫	3
고치다	直す	8
고향	故郷	3
골프	ゴルフ	6
공	0、ボール	7
공무원	公務員	4
공부하다	勉強する	6
공원	公園	5
공항	空港	5
과거	過去	2
과일	果物	12
과자	お菓子	2
괜찮다	大丈夫だ	8
교사	教師	4
교실	教室	5
교통	交通	9
구	九	7
구경하다	見物する	6
구두	靴	1
구름	雲	7
구월	九月	11
귀	耳	8
그	その	5
그것 / 그거	それ	7
그럼	では	6
극장	劇場	5
금연	禁煙	4
금요일	金曜日	11
기다리다	待つ	8
기쁘다	嬉しい	10
기차	汽車	9
길	道	3
길다	長い	12
김밥	海苔巻き	12

김치	キムチ	12
김치찌개	キムチ鍋	12
꽃	花	3
끄다	消す	6
ㄴ		
나	俺､私（わたし）	8
나가다	出る	10
나라	国	2
나무	木	1
나비	蝶	1
나오다	出る	6
날씨	天気	7
남자	男子	3
남편	夫	10
내년	来年	12
내일	明日	12
냉면	冷麺	12
넓다	広い	7
넣다	入れる	7
너	君、お前	11
네	はい	8
넷 (네)	四つ	8
년	年	7
노래	歌	1
노래방	カラオケ	5
노트	ノート	2
놀다	遊ぶ	7
놀라다	驚く	10
농구	バスケットボール	6
놓다	置く	7
누구 (누가)	誰（誰が）	9
누나	姉（男性から）	5
눈	雪	7
눈	目	8

ㄷ		
다	全部、みんな	11
다니다	通う	9
다리	脚、橋	1
다섯	五つ	8
다음	次	11
다음주	来週	8
닭갈비	タッカルビ	12
대학교	大学	10
대학생	大学生	4
대화	会話	1
대회	大会	1
덥다	暑い	7
도로	道路	9
도서관	図書館	5
도시	都市	4
독일	ドイツ	11
돈	お金	3
동대문	東大門	7
동대문시장	東大門市場	7
동물	動物	4
동생	弟、妹	10
되다	～になる	12
된장	味噌	6
된장찌개	テンジャンチゲ	12
두부	豆腐	2
둘 (두)	二つ	11
뒤	後ろ	5
들	～達、～ら	11
따뜻하다	暖かい	7
딸	娘	10
딸기	イチゴ	4
때	時	2
떠나다	離れる	6

떡국	トックク	12
떡볶이	トッポッキ	12
ㄹ		
라면	ラーメン	7
ㅁ		
마리	～匹、～頭	2
마시다	飲む	5
만나다	会う	6
만들다	作る	12
만화	漫画	1
많이	たくさん	1
말	言葉、馬	3
말하다	言う、話す	11
맑다	晴れる	7
맛있다	美味しい	7
매점	売店	5
맥주	ビール	4
머리	頭	8
먹다	食べる	5
멀다	遠い	7
며칠	何日	11
명	名	8
몇	何	11
모두	みんな	2
모으다	集める	6
모자	帽子	1
목	首	8
목요일	木曜日	11
목욕탕	銭湯	9
몸	体	8
무릎	膝	8
무슨	何の	9
무엇 (뭐)	何	5
물	水	9
물건	もの、品物	11
미국	米国	11
밑	下	3
ㅂ		
바다	海	1
바람	風	7
바꾸다	変える	10
바쁘다	忙しい	6
바지	ズボン	1
밖	外	5
반바지	半ズボン	7
발	足	8
발목	足首	8
밥	ご飯	7
방	部屋	9
방송국	放送局	10
배	お腹	8
배	船、梨	9
배고프다	空腹だ	12
배구	バレーボール	6
배우	俳優	4
배우다	学ぶ	5
백	百	7
백화점	百貨店	5
버스	バス	9
번호	番号	8
변호사	弁護士	4
병	病気	12
병원	病院	5
보내다	送る	6
보다	見る	6
보름	十五日	11
볼링	ボウリング	6
볼펜	ボールペン	10

봄	春	7
부모	父母	1
부모님	ご両親	10
부엌	台所	3
분	分	8
불고기	プルコギ	12
비	雨	1
비누	石鹸	1
비빔밥	ビビンバ	12
비싸다	(値段)高い	10
비행기	飛行機	9
ㅅ		
사	四	7
사과	リンゴ	1
사다	買う	6
사람	人	11
사월	四月	11
사전	辞書	4
사진	写真	3
산	山	3
살	～歳	8
살다	住む	5
삼	三	7
삼계탕	サムゲタン	12
삼월	三月	11
생일	誕生日	3
서울	ソウル	11
서점	書店	5
선물	プレゼント	6
선생님	先生	4
선수	選手	4
섬	島	3
세우다	立てる	12
셋 (세)	三つ	12

소금	塩	3
소리	音	1
손	手	8
손님	お客	3
손목	手首	8
수영	水泳	6
수영장	プール	5
수요일	水曜日	11
순두부찌개	スンドゥブチゲ	12
숟가락	スプーン	9
스물(스무)	二十	12
스케이트	スケート	6
스키	スキー	2
스파게티	スパゲッティ	2
스포츠	スポーツ	2
시	時	8
시간	時間	10
시계	時計	1
시원하다	涼しい	7
시월	十月	11
시장	市場	4
식당	食堂	3
신촌	新村	9
싫어하다	嫌いだ	12
십	十	9
십이월	十二月	11
십일월	十一月	11
싸다	安い	7
쓰다	書く	6
쓰다	使う	10
쓰레기	ゴミ	12
씨	さん、氏	4
ㅇ		
아내	妻	10

아들	息子	10
아래	下	5
아버지	お父さん	10
아빠	パパ、父	10
아이	子供	1
아주	とても	10
아침	朝、朝ご飯	9
아파트	マンション	2
아프다	痛い	10
아홉	九つ	8
악기	楽器	3
안	中、内	5
안경	眼鏡	3
앉다	座る	7
알다	知る	8
앞	前	5
약속	約束	4
애	子供	2
애기	赤ちゃん	2
야구	野球	6
야채	野菜	2
약	薬	3
약국	薬局	9
양말	靴下	3
얘기	話	2
어깨	肩	2
어느	どの	6
어디	どこ	6
어떤	どんな	9
어떻게	どの様に	9
어린이	子供	11
어머니	お母さん	10
어제	昨日	10
억	億	7

언니	姉（女性から）	10
언제	いつ	9
얼굴	顔	8
얼마	幾ら	7
얼마나	どれぐらい	9
엄마	ママ、母	10
없다	ない、いない	10
여권	パスポート	4
여기	ここ	7
여덟	八つ	8
여름	夏	7
여섯	六つ	8
여행	旅行	3
연필	鉛筆	3
열	十	12
영	零、0	7
영국	英国	11
영어	英語	11
영화	映画	3
영화관	映画館	7
옆	横、隣	5
예	はい	2
예쁘다	綺麗だ、可愛い	10
예의	礼儀	2
오	五	1
오늘	今日	6
오다	来る	5
오른쪽	右側	5
오빠	兄（女性から）	2
오월	五月	11
오이	キュウリ	1
오토바이	バイク	9
오후	午後	1
올해	今年	12

옷	服	3
와이퍼	ワイパー	2
왜	何故	2
왼쪽	左側	5
요리	料理	12
요일	曜日	11
우리	私たち	11
우리집	我が家	11
우산	傘	4
우유	牛乳	1
우체국	郵便局	5
우표	切手	2
운동	運動	10
운동장	運動場	5
원	ウォン	7
월	月	7
월요일	月曜日	11
위	上、胃	2
유월	六月	11
유치	誘致	2
육	六	7
음악	音楽	3
의사	医者	2
의자	椅子	1
이	二、歯	1
이	この	5
이것 / 이거	これ	12
이마	額	8
이번	今度	11
이월	二月	11
이유	理由	1
일	一、日	7
일곱	七つ	8
일본	日本	11
일본어	日本語	11
일요일	日曜日	11
일월	一月	11
일하다	働く	9
읽다	読む	5
입	口	8
입다	着る	3
있다	いる、ある	5
ㅈ		
자다	寝る	6
자동차	自動車	9
자전거	自転車	9
작년	去年	3
작다	小さい	10
잘	よく	4
잘하다	うまい	10
잡지	雑誌	3
잡채	チャプチェ	12
장	枚	8
장마	梅雨	7
장소	場所	4
저	私（わたくし）	4
저	あの	6
저것	あれ	5
저기	あそこ	12
저녁	夜	6
적다	少ない	10
전철	電車	10
전화	電話	8
점원	店員	4
정도	程度	9
정문	正門	6
졸업	卒業	3
종이	紙	12

좋다	良い	7
좋아하다	好きだ	12
주다	くれる、あげる	5
주말	週末	11
주부	主婦	1
주차장	駐車場	9
중국	中国	11
중학생	中学生	4
지갑	財布	8
지도	地図	1
지우개	消しゴム	1
지키다	守る	12
지하철	地下鉄	9
직업	職業	4
집	家	9
짜다	(計画)立てる	12
ㅊ		
차	お茶、車	2
차다	冷たい	10
창문	窓	3
책	本	3
책상	机	3
처음	初め	4
천	千	8
청소기	掃除機	4
초등학생	小学生	4
축구	サッカー	3
축하	祝賀	3
춥다	寒い	7
취미	趣味	2
층	階、層	7
치마	スカート	2
친구	友人	6
칠	七	7

칠월	七月	11
침대	ベッド	4
ㅋ		
카메라	カメラ	2
커피	コーヒー	2
컵	コップ	6
케이크	ケーキ	2
코	鼻	8
크다	大きい	7
ㅌ		
타다	乗る	5
탁구	卓球	6
태권도	テコンドー	6
택시	タクシー	9
테니스	テニス	2
토끼	ウサギ	2
토요일	土曜日	8
티셔츠	Tシャツ	7
ㅍ		
파전	パジョン	12
파티	パーティー	2
팔	八	7
팔	腕	8
팔월	八月	11
편지	手紙	3
포도	葡萄	1
프랑스	フランス	11
피자	ピザ	2
필통	筆箱	6
ㅎ		
하나	一つ	10
하늘	空	12
하다	する	6
하루	一日	1

하숙	下宿	9
학교	学校	3
학생	学生	4
학생식당	学生食堂	5
한강	漢江	9
한국	韓国	11
한국어	韓国語	11
한식집	韓食屋	12
할머니	お婆さん	10
할아버지	お爺さん	10
함께	共に	6
해	日、太陽	1
허리	腰	8
형	兄（男性から）	5
호주	オーストラリア	11
호텔	ホテル	9
화요일	火曜日	11
회사	会社	1
회사원	会社員	4
휴대폰	携帯電話	8
흐리다	曇る	7

表紙デザイン：申智英
本文イラスト：金丸順子

やってみよう！韓国語
-해보자！한국어-

検印廃止

© 2020年1月30日　初版発行

著　者　崔在佑

発行者　原　雅久

発行所　株式会社　朝日出版社
101-0065 東京都千代田区西神田3－3－5
電話(03)3239-0271・72(直通)
振替口座　東京　00140-2-46008
http://www.asahipress.com/
倉敷印刷

乱丁，落丁本はお取り替えいたします
ISBN978-4-255-55671-0 C1087